La Fontaine

Choix de fables

Doré

Bibliothèque nationale de France

Président
Bruno Racine

Directrice générale
Jacqueline Sanson

Directeur des Collections
Denis Bruckmann

Directeur de la Diffusion culturelle
Thierry Grillet

Directeur du département des Éditions
Benjamin Arranger

Délégué à la Communication
Marc Rassat

Chef du service de Presse
Claudine Hermabessière

Déléguée au Mécénat
Kara Lennon Casanova

Suivi éditorial
Pierrette Turlais

Iconographie
Caterina D'Agostino

Coordination reprographique
Frédérique Savona, Lauriane Bossis

Conception graphique
Lucille Guigon

Correctrice
Ségolène Estrangin

Illustrations de couverture

Plat supérieur :
Jean de La Fontaine, « Le singe et le dauphin »
Livre quatrième, fable 7
Illustration de Gustave Doré

Plat inférieur :
• Portrait gravé de Jean de La Fontaine d'après Hyacinthe Rigaud, env. 1697
Édition des *Fables* de La Fontaine illustrée par Gustave Doré, 1867, frontispice
BNF, Réserve des livres rares
• Photographie de Gustave Doré par Félix Nadar, 1854
BNF, dépt. des Estampes et de la photographie

Liberté • Égalité • Fraternité
RÉPUBLIQUE FRANÇAISE

Ministère
Culture
Communication

Le lecteur pourra découvrir les *Fables* de La Fontaine illustrées par Gustave Doré et conservées à la Réserve des livres rares de la BNF sur Gallica : http://gallica.bnf.fr
Le musée d'Orsay et la BNF proposent un site consacré à Gustave Doré : http://expositions.bnf.fr/orsay-gustavedore

http://editions.bnf.fr

ISBN : 978-2-7177-2548-3

La Fontaine
Choix de fables
Doré

Préface
Alain Rey
Linguiste, lexicographe

Présentation
Jean-Marc Chatelain
Conservateur général à la BNF,
Réserve des livres rares

BnF Bibliothèque nationale de France

Sommaire

Sommaire

Préface

« Tout parle en mon ouvrage, et même les poissons :
Ce qu'ils disent s'adresse à tous tant que nous sommes.
Je me sers d'animaux pour instruire les hommes. »
La Fontaine, dédicace à Monseigneur le Dauphin

Le nom de Jean de La Fontaine est pour toujours attaché à ses *Fables*, ces poèmes en vers libres d'une perfection stupéfiante, qui se présentaient comme de simples « traductions » en vers des récits célèbres attribués à Ésope.

Le genre de la fable, bref récit mettant en scène des humains et des animaux pour un enseignement de sagesse, fut vivant pendant plus de deux millénaires. En Occident, un personnage à demi légendaire, un esclave affranchi nommé Ésope, aurait créé de tels récits. Ils circulèrent depuis le ve siècle avant le christianisme. Cinq cents ans plus tard, Caius Julius Phaedrus, en français Phèdre, transmit en latin une adaptation de ces fables. De compilations en traductions, un vaste ensemble d'historiettes pourvues d'une morale, un petit théâtre animal figurant les caractères humains se répandit dans toute l'Europe et, grâce aux Arabes, autour de la Méditerranée, sous des formes en général simples et parfois talentueuses, comme ces « ysopets » (les petits Ésope) du Moyen Âge français. Une autre source des *Fables* est Pilpay, auteur fictif du texte indien transmis par les Arabes (*Kalila et Dimna*) des « cinq livres » du sanskrit (*Pañcatantra*) qui circulèrent en plusieurs langues de l'Inde au monde arabo-islamique et à l'Europe.

Deux génies littéraires, à l'époque où le jeune Louis XIV organisait son pouvoir, surent tirer de cette masse de récits et de celle des contes populaires européens transmis oralement deux chefs-d'œuvre, les *Contes* de Perrault, en prose, et les vers des *Fables* de La Fontaine. Tous deux prétendaient s'adresser aux enfants; tous deux exaltaient une langue arrivée à un point d'équilibre subtil, et approfondissaient, parfois secrètement, le message rationnel et poétique que dissimulaient ces récits.

La Fontaine, en outre, retrouvait la verve qu'on disait « marotique », et à travers elle, la critique sociale de l'admirable *Roman de Renart*, et celle d'innombrables fabliaux. Ses *Fables*, dès le premier livre, furent reçues pour ce qu'elles étaient : un miracle. Miracle formel, qui fait de leur auteur, aux côtés de son contemporain Jean Racine, le grand poète de son temps. Miracle narratif, qui résume en peu de mots des situations complexes où le bien et le mal inscrits en la nature humaine et en la société s'affrontent. Miracle intellectuel, recouvrant par la fausse évidence d'une sagesse résignée une réflexion profonde sur la condition humaine.

Ces miracles ont leurs revers. Célébrées mais trahies par une postérité à la fois séduite et distraite, les *Fables* et leurs « moralités » n'ont pas toujours été prises au sérieux. Leur perfection formelle fait de certaines de purs objets de mémoire, grâce à une vocation pédagogique supposée. Cependant, l'école de la troisième République française a transformé quelques fables de La Fontaine et quelques poèmes de Victor Hugo en instruments d'une mémoire poétique collective et démocratique sans laquelle la culture en français serait encore plus pauvre et menacée qu'elle l'est aujourd'hui.

Il y a dans la centaine de *Fables* que présente cette édition, vis-à-vis de notre lecture, deux sortes de textes : ceux qui nous parlent à l'oreille, une douzaine des trois premiers livres, autant pour les neuf suivants; ceux, bien plus nombreux, qui sont pour la plupart des lectrices et des lecteurs entièrement à découvrir. Qui connaît « Le cerf et la vigne », « Les devineresses », « Les deux aventuriers et le talisman » ? Ou même, voisine du « Renard et les raisins », au troisième livre, « Philomèle et Progné », témoin de la veine mythologique du fabuliste? Pourtant, ces fables méconnues contiennent toutes des perles, retenues hors de leur contexte. En exemple – il y en aurait cent autres –, les deux derniers vers du « Rat et l'huître » (livre huitième, fable 9) :

« Et puis nous y pouvons apprendre
Que tel est pris qui croyait prendre. »

Car La Fontaine, outre sa légèreté mélodieuse et malicieuse, outre son rythme si souple, fut un fournisseur unique de phrases proverbiales, dont il fit cadeau à la mémoire de la langue française, mettant en forme pour l'avenir des pensées souvent formulées : « La raison du plus fort est toujours la meilleure », maxime terrible, machiavélienne – André Siegfried a pu qualifier La Fontaine de « Machiavel français » –, ou encore, cette dure critique tant du discours politique que médiatique :

« Selon que vous serez puissant ou misérable
Les jugements de cour vous rendront blanc ou noir. »

On s'étonne que les puissants de la cour de Louis XIV aient supporté sans broncher cette « morale » en conclusion désabusée et parfaitement immorale des « Animaux malades de la peste » (livre septième).

La Fontaine était sans aucun doute de la race des pessimistes gais. Ses *Fables* sont aussi difficiles à décrypter que plaisantes à savourer. Musique et poésie y trouvent toujours leur compte; la morale convenue beaucoup moins. Connaître sa vie – par exemple, la belle biographie de Jean Orieux –, connaître l'histoire de son temps aide à comprendre ses choix, ses allusions, ses secrets, jusqu'à l'ordre des *Fables*, ordre labyrinthique qui fut évoqué à Versailles, par un labyrinthe végétal concret orné des personnages d'Ésope.

L'édition qu'on a sous les yeux, suivant le conseil de La Fontaine même, présente un choix :

« Je vous dirai donc... Mais tout dire
Ce serait trop; il faut choisir. »
(« Daphnis et Alcimadure », livre douzième,
« Imitation de Théocrite »)

Alors menacé par cette « maladie de la mort » dont parlait Marguerite Duras, La Fontaine, qui fut pour le genre de la fable une vive fontaine de Jouvence, montre qu'il faut renoncer au rêve de totalité.

Dans le monde enchanté des illustrations des *Fables*, l'un des textes français les plus publiés et illustrés de cette littérature, cette édition fait un choix magnifique, car il est révélateur d'une rencontre fascinante. Celle du grand poète à la fois classique et précurseur de tous les modernismes avec l'un des plus étonnants artistes du romantisme, Gustave Doré.

Défendre et illustrer la poésie par l'image – comme on peut le faire par la musique –, l'idée n'est pas neuve. Les *Fables* en bénéficièrent très vite. Un grand dessinateur, François Chauveau, sut donner aux poèmes de La Fontaine un contrepoint noble et gracieux. D'autres illustrateurs, au XVIIIe siècle, accompagnent l'évolution des goûts et des modes, conduisant les *Fables* vers la peinture du luxe et des plaisirs comme de la simplicité rurale. Cette époque et son goût s'accordent mieux aux *Contes* inspirés de Boccace qu'aux *Fables* et à leur monde animal porteur de symboles. Les commentateurs des *Fables* par le dessin se multiplient avant la Révolution, qui n'interrompt pas cette inflation d'images autour des vers de La Fontaine.

À l'époque romantique, deux artistes se détachent. Grandville est un caricaturiste spirituel qui place volontiers des têtes animales sur des corps humains. C'est un virtuose de la chimère et des métamorphoses, et son talent, d'esquisses en gravures, fait vaciller les personnages entre une humanité symbolique et un réalisme animalier. Il déploie le récit de manière à évoquer la leçon humaine des moralités derrière l'anecdote explicite.

Quant à Gustave Doré, son apport à la lecture de La Fontaine est d'une originalité absolue. Illustrateur des plus grands écrivains, Cervantès, Rabelais, le Dante de l'*Enfer*, il donne aux *Fables* de La Fontaine le statut de ces poèmes et ces récits qui parlent à l'humanité entière, à travers les âges et au-delà de leurs vertus culturelles particulières, dans un temps et un espace transcendés.

Doré fut capable de transmuter la poésie de La Fontaine, poésie sensible, fine, musicale, toute française grâce à la maîtrise de cette langue, ainsi que la sagesse souriante et désabusée, la leçon morale et sociale comiquement dramatique de ces fables en réflexion sans concession sur la condition humaine, en constructions imaginaires révélatrices, en rêve vivant. Le dialogue de l'image et du texte, qui auparavant faisait des formes l'écho fidèle du langage poétique, Gustave Doré le renouvelle, le prolonge, le transfère, l'approfondit, donnant à la retenue classique, à l'élégance mélodique du fabuliste, une dimension romanesque digne de Balzac ou d'Hugo.

Une seule fable illustrée par trois grands dessinateurs successifs, montrant l'évolution des rapports entre image et texte, suffit à explorer les pouvoirs de ces rapports entre un texte génial et des images magiques. Ce sera la première du premier livre, que nous croyons connaître en tous ses aspects, « La cigale et la fourmi ». Au XVIIe siècle, François Chauveau en faisait le pré-texte d'un apologue. Une très petite cigale, une imperceptible fourmi dessinées avec une exactitude élégante d'entomologiste y étaient figurées, perdues en bas d'une grande composition décorative classique : immense vase, draperie, majesté, équilibre... J'y vois la figuration du thème animalier dans la nudité d'Ésope, transcendée par les beautés de la rhétorique, à la fois aimable et grandiose, d'une poésie suprême. Toute narration, toute morale, même, en est exclue; l'image renvoie au texte. Chez Grandville, deux siècles plus tard, c'est un théâtre subtil où les insectes s'humanisent; cigale et fourmi sont des femmes vêtues à la mode romantique, mais laissent apparaître leur animalité sous leurs jupes et leurs coiffures. L'image confère au texte le pouvoir d'imaginaire des *Métamorphoses* d'Ovide. Je pense que La Fontaine eût aimé cela.

Enfin vient Doré. Transformation, humanisation romanesque : la cigale est une jolie jeune femme éplorée, implorante ; la fourmi une mère sévère, devant qui deux jeunes enfants, écarquillant leurs yeux, regardent demoiselle Cigale avec inquiétude. Derrière la mère Fourmi, sa maison, l'abri, la sécurité ; derrière la mendiante Cigale, la menace du monde, de la nature ouverte, souvent terrifiante chez Gustave Doré. En contrepoint à la morale où La Fontaine, très discrètement, expose sa propre imprudence, sa vie d'insouciance, et l'oppose à l'économie bourgeoise qui rassure, Gustave Doré invente l'amorce d'une histoire émouvante, récit, nouvelle, roman, aujourd'hui scénario. Il conduit La Fontaine vers *Les Misérables*, vers Dickens; il invente des personnages nouveaux, ces deux enfants à la fois protégés par leur mère inflexible et effrayés par le malheur d'autrui, qui ne touche pas madame Fourmi. Ces enfants sont-ils ceux à qui La Fontaine prétendait adresser sa fable ? Les faire entrer dans le récit le transforme et le déploie. Le lecteur, la lectrice des fables, partagés entre le sort pitoyable de Cigale et l'assurance, la dureté explicable de mère Fourmi, soucieuse de sa famille, sont ces enfants.

Le dialogue entre le poète et son illustrateur est analogue à celui qui doit s'établir entre le texte et son lecteur. À chaque contexte, à chaque époque, à chaque sensibilité, une imagerie nouvelle, des lectures infinies. Ainsi va la vie des chefs-d'œuvre. Celui de La Fontaine a eu la chance de susciter des interprètes admirables – tel Chagall, plus près de nous – et parmi eux, ce lecteur-interprète inspiré, Gustave Doré, dans l'ambiguïté et l'étrangeté inquiétante d'un monde animal fantasmé (ses rats nous mènent à l'expressionnisme tragique de *Nosferatu*), d'une exubérance végétale menacée (« Le chêne et le roseau »), d'une nature mystérieuse (« L'aigle et le hibou ») et de drames humains jusqu'aux mélodrames assumés (« Jupiter et le passager »).

Doré fait voyager La Fontaine et, loin de le trahir, en décèle les richesses cachées. Il les expose au grand jour, mettant en scène ce merveilleux scandale : les *Fables* sont aussi un chef-d'œuvre romantique.

Alain Rey

Présentation

> « La feinte est un pays plein de terres désertes.
> Tous les jours nos auteurs y font des découvertes. »
> La Fontaine, « Le meunier, son fils et l'âne »

Deux artistes dominent de la hauteur de leur imagination l'histoire de l'édition des *Fables* de La Fontaine au XIXe siècle, Grandville et Gustave Doré. Les illustrations du premier furent publiées à Paris de 1838 à 1840, celles du second parurent en 1867. De l'un à l'autre, la différence s'étend bien au-delà de l'espace d'une génération : ce sont deux visions diamétralement opposées du texte de La Fontaine qui les séparent. Grandville a livré une version comique des *Fables* qui, dans chacun de ses détails, affirme que La Fontaine corrige les mœurs des hommes par le rire, poursuivant par là au siècle de Louis XIV la très ancienne tradition des satiristes antiques. Dans cette conviction, l'illustrateur s'autorise à continuer à son tour la tradition et couler les *Fables* dans les expressions de sa propre époque. Les figures sont d'animaux, mais les décors, les costumes et les attitudes, tous ces équivalents dans le dessin de ce que sont dans le texte les discours des « animaux parlants » du fabuliste, sont ceux du peuple et des bourgeois des années 1830. Ainsi se dit l'incessant recommencement d'une même comédie (« Une ample comédie à cent actes divers, / Et dont la scène est l'univers », écrivait La Fontaine), l'éternel retour, sous des habits neufs, d'un même moine : l'homme, tel que le définissent depuis toujours son appétit de pouvoir et son désir de paraître, sa cruauté et sa mesquinerie, sa mauvaise foi et son ambition : « La sotte vanité jointe avecque l'envie, / Deux pivots sur qui roule aujourd'hui notre vie. » Cette manière d'exprimer la durée profonde de l'être humain sous le masque des apparences renouvelées, de retrouver sous le changement du temps l'éternité de la grimace, produit avec autant de gaieté que d'efficace le sentiment que la vie n'est qu'un grand manège. De fait il y a chez Grandville, dans la rencontre entre la tristesse d'une philosophie désabusée et l'énergie drolatique qui la formule, quelque chose d'un vaudeville ironique et grinçant.

Au contraire de ce pessimisme enjoué, Doré offre une vision très singulière de l'œuvre de La Fontaine, sombre et tragique : il ne cherche pas à provoquer le rire, mais à susciter la terreur et la pitié – non pas, certes, dans chacune des planches, mais dans un nombre suffisant pour donner à l'ensemble sa tonalité propre. Ses compositions sont de deux types : chaque fable est illustrée en tête d'une vignette disposée en bandeau, mais un choix de quatre-vingt-cinq d'entre elles sont aussi accompagnées d'une grande planche hors texte. Si les vignettes sont tracées d'un trait rapide et léger et se montrent fidèles aux récits du fabuliste, c'est dans les planches que l'artiste donne un plus libre cours à son imagination de peintre. Il y déploie toutes les ressources d'un réalisme fantastique dans lequel il était passé maître. Réaliste, Doré l'est par sa volonté de représenter la nature avec une précision de dessinateur d'histoire naturelle. Le prospectus qui annonçait en 1838 l'édition des *Fables* illustrée par Grandville louait celui-ci d'avoir pris le contre-pied de ses prédécesseurs, qui, disait-on, n'étaient « parvenus qu'à présenter des sujets plus ou moins exacts d'histoire naturelle, qu'à portraire les animaux muets de Buffon et non à interpréter ceux de La Fontaine ». Qu'eût-on dit de Gustave Doré, qui le plus souvent pousse l'exactitude de la représentation animale plus loin qu'aucun autre illustrateur de La Fontaine avant lui ? Dessine-t-il un lion pour « Le lion et le rat », il le fait avec la précision du plus scrupuleux peintre animalier qui aurait travaillé sur modèle dans quelque ménagerie, portant en outre l'apparence de vérité jusqu'à installer son sujet dans un paysage exotique qui fait office de milieu naturel. S'il s'agit d'évoquer « les animaux malades de la peste », il produit une galerie qu'on croirait tirée du Muséum, où chaque espèce est reconnaissable sans ambiguïté. Ou s'il s'agit de montrer la meute des chiens qui courent après celui « qui porte à son cou le dîner de son maître », il prend un soin particulier à ne pas représenter deux animaux semblables mais à détailler et distinguer autant de races que d'individus, caniche, bouledogue, loulou, griffon et autres, là où La Fontaine restait dans l'imprécision et la généralité de « certain chien », « un mâtin », « la canaille ».

Loin d'en contrarier l'esprit, ce réalisme sert plutôt de ressort au fantastique. Ainsi, dans le détail fourmillant des animaux malades de la peste, Doré veille à disposer au premier plan celles des espèces qui sont le plus propres à créer de l'inquiétude : crocodile, pélican, hibou, rhinocéros, toutes créatures placées sous le signe de l'étrange par leurs excroissances singulières ou leur aspect monstrueux et repoussant, qui éloignent de l'idée rassurante de la beauté des choses et de l'harmonie de l'ordre créé. Doré a trouvé dans le magasin du monde l'équivalent des figures grotesques et des hybridations chimériques, contre-nature, que Jérôme Bosch puisait à la source de son imagination pour en peupler ses tableaux. Mais cette fantaisie n'a rien de gratuit et demeure subordonnée à la fable qu'il s'agit d'interpréter. Car ces formes difformes expriment en elles-mêmes, tout autant que la scène centrale de carnage – incontestablement plus proche de la lettre du texte : « À ces mots on cria haro sur le baudet » –, une dissonance dans la nature qui sert d'image à la discordance morale dont parle La Fontaine, entre la beauté idéale des discours et la réalité sauvage des conduites. C'est dire que le réalisme fantastique de Doré est allégorique : il fait de l'image un signe.

L'imagination fantastique opère chez Doré par la conjugaison de deux moyens : le recours à un répertoire d'images privilégiées qui, par leur récurrence ou le réseau qu'elles forment, acquièrent la valeur de motifs obsédants, et l'usage de modes de composition qui animent la représentation d'une puissance dramatique. Il est certain que plusieurs figures qui reviennent avec insistance sont d'elles-mêmes appelées par les textes de La Fontaine; mais Doré parvient le plus souvent à transformer le thème en symbole. Considérons par exemple le motif de la forêt. Cadre naturel des fables qui mettent en scène un bûcheron (« La Mort et le bûcheron », « Le bûcheron et Mercure », « La forêt et le bûcheron »), elle s'enrichit d'une valeur supplémentaire pour devenir le signe de l'effroi : soit que, par quelque effet d'analogie visuelle, elle offre une image de ce sentiment – ainsi des branches mortes dressées vers le ciel qui répètent et par conséquent amplifient le geste de désespoir du bûcheron qui a perdu sa cognée dans « Le bûcheron et Mercure » –, soit qu'on joue de l'association ancestrale de la forêt à l'idée du péril, de l'égarement, voire de la mort. Pour illustrer « Le loup et le chasseur », Doré s'est fortement inspiré de la planche du peintre Jean-Baptiste Oudry publiée un siècle plus tôt, entre 1755 et 1759, dans une célèbre et monumentale édition des *Fables*. Mais la scène qu'Oudry avait située à l'orée d'un bois, dans un espace ouvert, Doré l'a transportée dans les profondeurs d'une forêt de très grands arbres qui occupe à présent une place majeure dans la représentation. La forêt n'est plus un simple décor mais se tranforme en véritable personnage, chargé de signifier le danger comme, dans le texte, le chasseur signifie la convoitise et le loup l'avarice. Épicurienne, la fable de La Fontaine était un appel à profiter de la vie sans remettre au lendemain ses plaisirs. Romantique, l'image de Doré en infléchit désormais le sens pour en faire une évocation de la condition tragique de l'homme, déplaçant l'accent principal de l'injonction à jouir du présent vers sa raison philosophique : s'il ne faut pas laisser attendre le plaisir, c'est que l'existence est brève et cernée par la présence menaçante de la mort (« Eh! mon ami, la mort te peut prendre en chemin »). Par sa disposition qui encercle la scène de désolation que découvre le loup, mais aussi par l'enténèbrement du sous-bois et par la hauteur écrasante de la futaie, la forêt est l'expression même de ce danger. Tout respire ici l'inquiétant « parfum de forêt sombre et de hautes voûtes » dont parlait André Breton à propos des romans noirs de la fin du XVIIIe siècle. Le tronc couché au premier plan n'est-il pas, d'ailleurs, à interpréter lui-même comme un symbole funèbre, une image de la vie brisée, exactement comme l'arbre coupé placé au premier plan dans l'illustration de « La Mort et le bûcheron », qu'on retrouve encore dans « Le cerf se voyant dans l'eau », tel un signe annonciateur du sort réservé à l'animal épris de sa beauté ?

La nuit et le ciel tourmenté, chargé d'orage, sont d'autres pièces essentielles de l'univers d'inquiétude créé par Doré, qui joue des différents degrés de l'assombrissement. Rien que d'attendu dans une fable telle que « Le chêne et le roseau » : il faut représenter « le plus terrible des enfants / Que le Nord eût porté jusque-là dans ses flancs ». En revanche, aucune donnée du texte ne réclame à la lettre le crépuscule dans l'illustration des « Deux mulets » ou le ciel lourd de nuages dans la planche de « L'hirondelle et les petits oiseaux ». L'un et l'autre ne se justifient que par leur valeur symbolique : le jour mourant fait visuellement écho au « je péris » que prononce l'âne portant l'argent de la gabelle, le ciel menaçant au malheur que prophétise l'hirondelle. L'une des plus grandes réussites de Doré est, à cet égard, la planche qui illustre « Les loups et les brebis ». Tandis que les loups ravissants se coulent en formes rampantes de rôdeurs, plus glaçantes d'inquiétude qu'ouvertement féroces, la scène est plongée dans une nuit profonde éclairée par le seul éclat de la pleine lune, paysage nocturne que répètent les trois ombres noires des loups aux aguets dont brillent les yeux sans pupille, comme une lumière hypnotique semblable à celle de l'astre. Est-ce alors seulement la lune et quelques loups qu'on a représentés ici ? N'est-ce pas aussi la divinité lunaire des Enfers, Hécate, la déesse aux chiens, et ces trois loups réduits à leurs têtes ne sont-ils pas aussi Cerbère, le chien à triple tête qui entretient dans la mythologie des liens étroits avec Hécate ? Laissant ainsi affleurer un monde interprétatif sous-jacent, d'autant plus troublant que sa présence demeure latente, suggérée et non pas avérée par l'évidence du texte qui n'en dit mot, l'illustration découvre sous la surface aimable de la fable les eaux profondes du mythe et leur puissance d'effroi.

Du même ordre imaginaire participe, comme la figure des loups aux aguets vient d'en donner l'exemple, le goût que manifeste Doré pour la représentation des ombres et des formes spectrales. Cela donne parfois lieu à des trouvailles de mise en scène : la gravure d'« Un animal dans la lune », pour laquelle l'artiste a pris de nouveau modèle sur celle d'Oudry, ajoute à celle-ci l'idée de transposer le motif de l'animal que les observateurs croient apercevoir à travers leur lunette en une souris fantastique, à grandes oreilles, échine courbe et queue sinueuse, créée par l'ombre portée du télescope et de l'assistance au clair de lune. Il est vrai qu'il n'y a là rien de vraiment inquiétant : ce n'est que l'ombre vaine de l'opinion. Bien plus angoissant est le spectre de la mort qui se profile comme une ombre livide parmi les arbres dans « La Mort et le bûcheron ». La crainte qu'inspire une telle représentation ne tient pas seulement au dessin d'une forme réduite à une silhouette dont on a estompé les contours pour la mieux manifester sous l'aspect subjectif du pressentiment : c'est aussi l'effet d'une composition organisée selon une perspective centrale, qui donne à la forme qui occupe cet axe stratégique la force dramatique d'une apparition. À l'imagerie traditionnelle de la danse macabre, où la Mort était représentée de manière frontale, sous les traits d'un squelette tirant les hommes à lui pour les entraîner dans son pas, Doré substitue la figure d'un surgissement dans le lointain, qui fait d'autant mieux sentir le caractère inéluctable de la fin qu'il la maintient dans l'attente. La perspective est ici un principe d'organisation de l'espace doublé d'un principe psychologique de compréhension intuitive, qui lui donne toute sa raison d'être. Le procédé est le même, dans « Les loups et les brebis », pour les trois loups qui guettent leurs proies : ils apparaissent tout à coup sur l'immédiat horizon tracé par le bord de l'enclos où sont parquées les brebis, de manière à intégrer à la signification du danger l'expression de son imminence. Doré tire des effets d'autant plus puissants de ce principe de composition qu'il le conjugue souvent avec un éclairage à contre-jour et un cadrage qui place le regard à hauteur de celui qui subit la domination. Alors le lièvre qui apparaît aux grenouilles, l'aigle aux petits du hibou, le renard aux rats dans « Le lièvre et les grenouilles », « L'aigle et le hibou », « Les deux rats, le renard et l'œuf », surgissent eux aussi comme de grandes ombres menaçantes.

Grandville resserrait le point de vue sur les figures : c'est le parti que suit également Doré dans les vignettes placées en tête de fable. Mais pour les illustrations en pleine page, il élargit considérablement l'espace et accorde au paysage une importance nouvelle, en le choisissant aussi pour ses vertus d'éloquence : horreur d'une grotte ténébreuse (« Le lion malade et le renard » ; « Le lion, le loup et le renard »), insécurité d'un promontoire suspendu sur la mer (« Le berger et la mer »), angoisse d'un étroit défilé fermé par les murailles abruptes d'un château fort (« Le lion et le moucheron »), hostilité d'une côte de falaises battues par les flots (« Jupiter et le passager »), aridité d'un paysage minéral de haute montagne (« Les deux aventuriers et le talisman »). « Tout parle » dans cet univers, comme le disait La Fontaine, mais d'une voix très souvent menaçante : comme si Doré avait voulu montrer, en deçà de la critique des mœurs, le fonds originaire d'une expérience de la vulnérabilité humaine, face à laquelle les diverses conduites se présentent comme de possibles réponses.

Ainsi mis ensemble au service d'une vision générale de l'œuvre, choix des figures, organisation de l'espace et distribution de la lumière font des planches de Doré un authentique et ambitieux projet d'interprétation visuelle des *Fables* de La Fontaine. Mais ce n'est jamais là, aussi riche soit-elle, que grammaire de peintre, consistant en un vocabulaire mis en forme par un corps de règles et de procédés expressifs. L'un des grands traits d'originalité de Doré, qui le distingue de ses nombreux prédécesseurs qui se sont essayés aux *Fables* de La Fontaine, est d'augmenter cette grammaire d'une culture picturale qui donne à l'illustration toute l'épaisseur d'un langage, dans l'élément duquel il devient possible de traduire la fable au lieu de décrire seulement son récit. Il est frappant de constater que Doré, dès qu'il le peut, glisse dans ses planches des citations picturales plus ou moins développées. La plus complète d'entre elles sert à illustrer « Le meunier, son fils et l'âne ». Doré s'est si étroitement inspiré de la toile qu'Honoré Daumier avait peinte sur le même sujet et exposée au

Salon des artistes français en 1849, qu'on ne peut voir dans sa composition qu'un hommage rendu à cette œuvre et à son auteur. Or ce salut adressé par le cadet à son aîné est d'autant plus remarquable qu'il n'est pas un simple clin d'œil fait, si l'on peut dire, par-dessus l'épaule de La Fontaine, mais constitue en lui-même une très habile manière d'illustrer dans l'ordre de la peinture les premiers vers de la fable : « L'invention des arts étant un droit d'aînesse, / Nous devons l'apologue à l'ancienne Grèce. / Mais ce champ ne se peut tellement moissonner / Que les derniers venus n'y trouvent à glaner. »

Les autres références à des peintres contemporains sont en général plus ponctuelles. C'est par exemple, dans « L'hirondelle et les petits oiseaux », la figure du paysan qui rappelle le portrait du *Semeur* en marche de Jean-François Millet, l'un des tableaux les plus remarqués au Salon de 1850. Théophile Gautier le décrivait ainsi : « La nuit va venir, déployant ses voiles gris sur la terre brune; le semeur marche d'un pas rythmé, jetant le grain dans le sillon, et il est suivi d'un vol d'oiseaux picoreurs. » Illustrer la fable de La Fontaine consiste pour Doré à remanier l'ordre de la toile de Millet en en conservant les termes : les « oiseaux picoreurs » passent au premier plan, le semeur au second, mais le ciel demeure voilé de gris et la scène en bord de mer – là où La Fontaine ne la situait pas, laissant cette question dans le plus complet silence. Dans « Le loup et le chasseur », l'idée de suspendre le gibier à la branche d'un arbre est reprise d'Oudry; mais, dans leur facture de détail, le dessin de la biche pendue par une patte postérieure, une patte antérieure repliée le long du corps et le cou gisant au sol, et celui de la biche couchée à côté de l'arbre sont des citations de *La Curée, chasse au chevreuil dans les forêts du Grand Jura* et de *La Biche forcée, effet de neige* de Courbet, deux toiles exposées au Salon de 1857. De même, les planches qui mettent en scène des cerfs (« Le cerf se voyant dans l'eau »; « Le cerf malade ») doivent beaucoup, dans leur traitement naturaliste, aux paysages de sous-bois avec gibier dont Courbet avait répandu le goût à la fin des années 1850. Les relations entre Doré et Courbet étaient pourtant loin d'être parfaites, et l'admiration de l'un pour l'autre plus que nuancée de réserves. Mais cela prouve que le geste de citation ne relève pas de l'anecdote biographique : l'enjeu, situé à un niveau beaucoup plus élevé, est de trouver pour illustrer la fable les termes propres de la peinture, non seulement ceux qu'offrent ses possibilités techniques mais aussi ceux que propose le legs de son histoire.

Cela explique que certaines références soient faites à des genres, des formules ou ce qu'on pourrait appeler des « lieux communs » picturaux, plutôt qu'à un artiste ou un tableau précis. Le peintre Michallon avait peint au début du XIXe siècle, sous le titre *La Femme foudroyée*, un très grand chêne au pied duquel deux personnages se penchaient sur le corps d'une femme abattue par l'orage, mais il n'est pas sûr que Doré ait eu précisément cette toile à l'esprit en insérant un cavalier foudroyé vers lequel se dirige un piéton dans la planche qui illustre « Le chêne et le roseau ». Il est par contre certain que le traitement qu'il a donné de la fable, qui consiste à prendre pour sujet principal une grande étude d'arbre tourmenté par la tempête, s'inscrit dans la lignée des tableaux des paysagistes de son temps, ceux de l'école de Barbizon.

Doré puise également nombre d'idées à la source de la peinture hollandaise du XVIIe siècle, dont on sait l'importance qu'elle a eue pour les artistes de son temps. C'est par exemple le grenier du *Conseil tenu par les rats*, dont l'éclairage latéral tombant sur un groupe de petits personnages disposés en cercle dans un ameublement de misère rappelle les tableaux et gravures d'intérieurs rustiques d'Adriaen Van Ostade. Ou c'est encore le panorama peuplé de toutes sortes d'espèces qui fait l'illustration des « Animaux malades de la peste » : Doré a repris la tradition flamande pratiquée par Bruegel de Velours puis son fils Jan Bruegel le Jeune et les frères Savery, qui, à Anvers, avaient répandu au début du XVIIe siècle la mode des tableaux du paradis remplis d'une foule d'animaux autour d'Adam et Ève, de Noé, voire d'Orphée. L'histoire de la peinture avait ainsi illustré par avance la fable, il ne suffisait plus que de remplacer la figure humaine par celle d'un lion pour que la rencontre fût parfaite, et d'y ajouter enfin, comme par collage, l'attaque de l'âne traitée à la manière des scènes de fauve à l'attaque peintes par Delacroix. Plus remarquable encore est la planche qui accompagne « Le rat de ville et le rat des champs ». C'est une nature morte, ou plus exactement un sous-genre de la nature morte : celui qu'on appelle parfois la « nature morte somptueuse », pour désigner des tableaux dans lesquels se sont illustrés des peintres hollandais comme Willem Kalf et Abraham Van Beyeren. Ils représentent, généralement disposé sur une nappe de grand prix, un amoncellement de vaisselles de luxe choisies pour la diversité de leurs matières (or, argent, verre, faïence) et de leurs formes (plats, coupes, vases, aiguières). Il n'est pas jusqu'au motif du verre renversé qui n'appartienne à cette tradition picturale. Il s'y rencontre souvent comme une image allégorique de vanité qui, en contrepoint de l'abondance des richesses, rappelle la fugacité des plaisirs de ce monde. Doré s'est très ingénieusement saisi de ce détail pour le faire servir à une double fonction : en même temps qu'il évoque la fuite précipitée des rats, soit un épisode du récit, il contient, en vertu de la signification qui lui est attachée dans l'histoire de la peinture, la morale de la fable.

Peu de formules picturales anciennes étaient capables d'une application aussi riche et pertinente aux fables de La Fontaine. Aussi Doré a-t-il eu plus souvent recours à la solution consistant à assembler dans une même composition des formules d'origines différentes. « Les animaux malades de la peste » viennent d'en fournir l'illustration : si le choix des espèces représentées au premier plan permet d'installer le sentiment d'une difformité du monde, l'insertion d'une scène de carnage à la manière de Delacroix au centre d'un tableau du paradis à la manière de Bruegel de Velours est en mesure de le préciser et de signifier avec plus d'exactitude l'hypocrisie dénoncée par la morale de la fable, la raison du plus fort dissimulée au cœur de la bonne conscience et du discours de la justice. La planche qui illustre « Le renard et les raisins » offre l'un des meilleurs exemples de cette technique de collage. De renard et de raisins, nulle trace : allant droit à la morale, Doré ne retient que l'idée de la distance infranchissable qui sépare le désir de sa satisfaction. Il l'exprime par une composition en diagonale qui dispose deux hommes cachés dans l'ombre à l'une des extrémités de cet axe et, à l'extrémité la plus éloignée, dans la clarté, les silhouettes d'une société opulente et raffinée à la balustrade d'un palais, qui suggèrent la rumeur lointaine d'un bal pendant lequel on vient prendre le frais sur la terrasse. Mais la distance est aussi celle qui sépare l'iconographie de chacun des deux groupes. Au premier plan, les personnages sont traités dans le style des portraits de genre de l'époque baroque, à l'image de ceux qu'a gravés Jacques Callot. De même qu'il a emprunté à cette tradition le portrait de gueux qui illustre « Le loup devenu berger », Doré dessine ici deux hommes dont l'identité n'est pas expressément définie, mais dont on comprend qu'ils appartiennent à quelque forme de marginalité sociale : peut-être deux poètes crottés (leur figure s'apparente à celle que Doré avait déjà donnée de ce type baroque en illustrant *Le Capitaine Fracasse* en 1866), ou plus probablement deux cadets de Gascogne, nobliaux désargentés qui n'ont pour richesse que leur rapière. À l'opposé, c'est une fête galante dans l'esprit de Watteau, avec ses costumes aristocratiques dans un décor de grands arbres.

De la nature morte hollandaise à la scène de genre orientaliste (la vue d'un souk qui illustre « Le bassa et le marchand »), de la fête galante au tableau troubadour (la déclaration d'amour des « Deux pigeons »), la suite des planches de Doré déploie le plus large éventail des possibilités et des formules de la peinture. Il en résulte inévitablement un effet d'éclectisme, trop évident pour n'avoir pas été voulu. Doré a composé une galerie d'images comme les architectes de son temps construisaient des châteaux, dans un esprit historiciste faisant voisiner sans complexe des styles éloignés et des époques différentes. On peut le comprendre de deux manières. Il est possible que, renversant la figure familière et débonnaire du « bonhomme La Fontaine », l'artiste ait désiré imposer l'image magistrale du grand classique : si classique que l'illustration même de son œuvre se montre capable de contenir tous les siècles de la peinture, comme un vaste musée prolongé jusqu'au temps présent. À moins qu'il ne faille interpréter l'éclectisme comme un projet esthétique plutôt qu'une nécessité historique. Mêler ainsi les styles et les genres procéderait alors de la volonté d'illustrer, au-delà de ce que dit le poème, l'intention poétique qui préside à sa création même, que La Fontaine avait dès l'origine inscrite sous le signe de la diversité.

Jean-Marc Chatelain

Note bibliographique sur l'édition des *Fables* illustrée par Gustave Doré

L'édition des *Fables* de La Fontaine illustrée par Gustave Doré a été publiée par la librairie Louis-Hachette à Paris. Elle a fait l'objet de deux tirages légèrement différents. Le premier, imprimé sur un papier ordinaire de format petit in-folio, fut diffusé d'abord sous forme de livraisons successives du 13 novembre 1866 jusqu'à la fin de l'année 1867. La dernière livraison comprenait une couverture sous laquelle les souscripteurs pouvaient réunir l'ensemble ainsi qu'une page de titre portant la date de 1868. On prépara parallèlement, au cours de l'année 1867, un tirage de luxe publié en deux volumes grand in-folio, imprimé à une dizaine d'exemplaires hors commerce sur papier de Chine et à mille exemplaires sur papier vélin destinés à la vente, avec les planches hors texte sur papier de Chine.

Du point de vue de l'illustration, le tirage de luxe se distingue du précédent par la suppression de la planche des « Deux coqs » et l'ajout de deux planches pour illustrer « Les voleurs et l'âne » et « Les devineresses». Huit planches et cinq vignettes placées en bandeau furent par ailleurs modifiées, parfois confiées à un nouveau graveur. Une quinzaine de graveurs sur bois debout ont travaillé à traduire en planches les dessins de Doré, réalisés à la plume avec gouache et lavis. On relève parmi les signatures les noms des graveurs sur bois les plus doués de leur temps, comme Adolphe Pannemaker et Paul Jonnard, qui à eux deux ont réalisé plus du tiers des planches, Héliodore Pisan, ami de Doré et l'interprète favori de ses dessins par la gravure, ou encore Henri Hildibrand, l'un des graveurs de prédilection des éditions Hachette et Hetzel.

Les planches de Doré sont ici reproduites à partir d'un exemplaire de la Bibliothèque nationale de France appartenant au tirage de luxe. Conservé à la Réserve des livres rares, il provient de la collection du bibliophile Auguste Lesouëf (1829-1906), donnée par ses héritiers à la Bibliothèque nationale en 1913. En plus d'éditions anciennes rares et précieuses, Auguste Lesouëf avait veillé à acquérir la plupart des éditions bibliophiliques et des grands livres illustrés de son temps. Il possédait ainsi un ensemble important d'exemplaires de luxe des éditions illustrées par Gustave Doré.

J.-M. Ch.

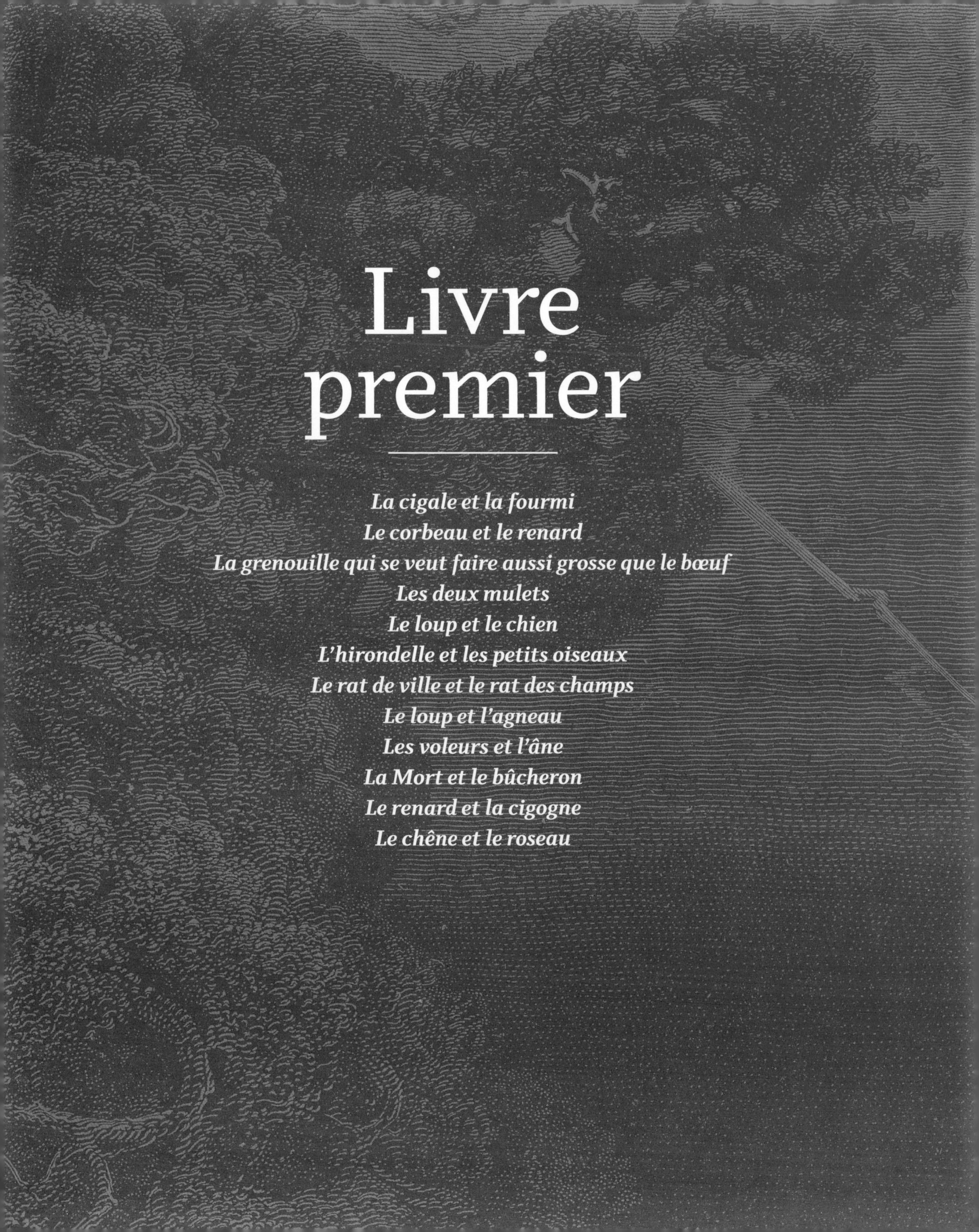

Livre premier

La cigale et la fourmi
Le corbeau et le renard
La grenouille qui se veut faire aussi grosse que le bœuf
Les deux mulets
Le loup et le chien
L'hirondelle et les petits oiseaux
Le rat de ville et le rat des champs
Le loup et l'agneau
Les voleurs et l'âne
La Mort et le bûcheron
Le renard et la cigogne
Le chêne et le roseau

La cigale et la fourmi

La cigale, ayant chanté
Tout l'été,
Se trouva fort dépourvue
Quand la bise fut venue.
Pas un seul petit morceau
De mouche ou de vermisseau.
Elle alla crier famine
Chez la fourmi sa voisine,
La priant de lui prêter
Quelque grain pour subsister
Jusqu'à la saison nouvelle.
« Je vous paierai, lui dit-elle,
Avant l'Oût, foi d'animal,
Intérêt et principal. »
La fourmi n'est pas prêteuse ;
C'est là son moindre défaut.
« Que faisiez-vous au temps chaud ?
Dit-elle à cette emprunteuse.
– Nuit et jour à tout venant
Je chantais, ne vous déplaise.
Vous chantiez ? j'en suis fort aise.
Eh bien ! dansez maintenant. »

G. Doré
PANNEMAKER-DOMS Sc.

Le corbeau et le renard

Maître Corbeau, sur un arbre perché,
Tenait en son bec un fromage.
Maître Renard, par l'odeur alléché,
Lui tint à peu près ce langage :
« Et bonjour, monsieur du Corbeau.
Que vous êtes joli ! que vous me semblez beau !
Sans mentir, si votre ramage
Se rapporte à votre plumage,
Vous êtes le Phénix des hôtes de ces bois. »
À ces mots, le corbeau ne se sent pas de joie ;
Et pour montrer sa belle voix,
Il ouvre un large bec, laisse tomber sa proie.
Le renard s'en saisit, et dit : « Mon bon monsieur,
Apprenez que tout flatteur
Vit aux dépens de celui qui l'écoute.
Cette leçon vaut bien un fromage, sans doute. »
Le corbeau honteux et confus
Jura, mais un peu tard, qu'on ne l'y prendrait plus.

La grenouille qui se veut faire aussi grosse que le bœuf

Une grenouille vit un bœuf
Qui lui sembla de belle taille.
Elle qui n'était pas grosse en tout comme un œuf,
Envieuse s'étend, et s'enfle, et se travaille
Pour égaler l'animal en grosseur,
Disant : « Regardez bien, ma sœur ;
Est-ce assez ? dites-moi ; n'y suis-je point encore ?
– Nenni. – M'y voici donc ? – Point du tout. – M'y voilà ?
– Vous n'en approchez point. » La chétive pécore
S'enfla si bien qu'elle creva.

Le monde est plein de gens qui ne sont pas plus sages :
Tout bourgeois veut bâtir comme les grands seigneurs,
Tout petit prince a des ambassadeurs,
Tout marquis veut avoir des pages.

Les deux mulets

Deux mulets cheminaient : l'un d'avoine chargé,
L'autre portant l'argent de la gabelle.
Celui-ci, glorieux d'une charge si belle,
N'eût voulu pour beaucoup en être soulagé.
Il marchait d'un pas relevé,
Et faisait sonner sa sonnette :
Quand, l'ennemi se présentant,
Comme il en voulait à l'argent,
Sur le mulet du fisc une troupe se jette,
Le saisit au frein et l'arrête.
Le mulet en se défendant
Se sent percé de coups : il gémit, il soupire.
« Est-ce donc là, dit-il, ce qu'on m'avait promis ?
Ce mulet qui me suit du danger se retire,
Et moi j'y tombe, et je péris.
– Ami, lui dit son camarade,
Il n'est pas toujours bon d'avoir un haut emploi :
Si tu n'avais servi qu'un meunier, comme moi,
Tu ne serais pas si malade. »

H. PISAN

Le loup et le chien

Un loup n'avait que les os et la peau,
Tant les chiens faisaient bonne garde.
Ce loup rencontre un dogue aussi puissant que beau,
Gras, poli, qui s'était fourvoyé par mégarde.
L'attaquer, le mettre en quartiers,
Sire Loup l'eût fait volontiers.
Mais il fallait livrer bataille,
Et le mâtin était de taille
À se défendre hardiment.
Le loup donc l'aborde humblement,
Entre en propos, et lui fait compliment
Sur son embonpoint, qu'il admire.
« Il ne tiendra qu'à vous, beau Sire,
D'être aussi gras que moi, lui repartit le chien.
Quittez les bois, vous ferez bien :
Vos pareils y sont misérables,
Cancres, hères, et pauvres diables,
Dont la condition est de mourir de faim.
Car quoi ? Rien d'assuré : point de franche lippée :
Tout à la pointe de l'épée.
Suivez-moi : vous aurez un bien meilleur destin. »
Le loup reprit : « Que me faudra-t-il faire ?
– Presque rien, dit le chien, donner la chasse aux gens
Portants bâtons, et mendiants ;
Flatter ceux du logis, à son maître complaire ;
Moyennant quoi votre salaire
Sera force reliefs de toutes les façons :
Os de poulets, os de pigeons :
Sans parler de mainte caresse. »
Le loup déjà se forge une félicité
Qui le fait pleurer de tendresse.
Chemin faisant, il vit le col du chien pelé.
« Qu'est-ce là ? lui dit-il. – Rien. – Quoi ? rien ? – Peu de chose.
– Mais encor ? – Le collier dont je suis attaché
De ce que vous voyez est peut-être la cause.
– Attaché ? dit le loup : vous ne courez donc pas
Où vous voulez ? – Pas toujours, mais qu'importe ?
– Il importe si bien, que de tous vos repas
Je ne veux en aucune sorte,
Et ne voudrais pas même à ce prix un trésor. »
Cela dit, maître Loup s'enfuit, et court encor.

L'hirondelle et les petits oiseaux

Une hirondelle en ses voyages
Avait beaucoup appris. Quiconque a beaucoup vu
Peut avoir beaucoup retenu.
Celle-ci prévoyait jusqu'aux moindres orages,
Et devant qu'ils fussent éclos,
Les annonçait aux matelots.
Il arriva qu'au temps que la chanvre se sème,
Elle vit un manant en couvrir maints sillons.
« Ceci ne me plaît pas, dit-elle aux oisillons.
Je vous plains : car pour moi, dans ce péril extrême,
Je saurai m'éloigner, ou vivre en quelque coin.
Voyez-vous cette main qui par les airs chemine ?
Un jour viendra, qui n'est pas loin,
Que ce qu'elle répand sera votre ruine.
De là naîtront engins à vous envelopper,
Et lacets pour vous attraper,
Enfin mainte et mainte machine
Qui causera dans la saison
Votre mort ou votre prison.
Gare la cage ou le chaudron.
C'est pourquoi, leur dit l'hirondelle,
Mangez ce grain ; et croyez-moi. »
Les oiseaux se moquèrent d'elle :
Ils trouvaient aux champs trop de quoi.
Quand la chènevière fut verte,
L'hirondelle leur dit : « Arrachez brin à brin
Ce qu'a produit ce maudit grain,
Ou soyez sûrs de votre perte.
Prophète de malheur, babillarde, dit-on,
Le bel emploi que tu nous donnes !
Il nous faudrait mille personnes
Pour éplucher tout ce canton. »
La chanvre étant tout à fait crue,
L'hirondelle ajouta : « Ceci ne va pas bien ;
Mauvaise graine est tôt venue.
Mais puisque jusqu'ici l'on ne m'a crue en rien,
Dès que vous verrez que la terre
Sera couverte, et qu'à leurs blés
Les gens n'étant plus occupés
Feront aux oisillons la guerre ;
Quand reginglettes et réseaux
Attraperont petits oiseaux,
Ne volez plus de place en place,
Demeurez au logis, ou changez de climat :
Imitez le canard, la grue et la bécasse.
Mais vous n'êtes pas en état
De passer comme nous les déserts et les ondes,
Ni d'aller chercher d'autres mondes.
C'est pourquoi vous n'avez qu'un parti qui soit sûr :
C'est de vous renfermer aux trous de quelque mur. »
Les oisillons, las de l'entendre,
Se mirent à jaser aussi confusément
Que faisaient les Troyens quand la pauvre Cassandre
Ouvrait la bouche seulement.
Il en prit aux uns comme aux autres :
Maint oisillon se vit esclave retenu.

Nous n'écoutons d'instincts que ceux qui sont les nôtres,
Et ne croyons le mal que quand il est venu.

Le rat de ville et le rat des champs

Autrefois le rat de ville
Invita le rat des champs,
D'une façon fort civile,
À des reliefs d'ortolans.

Sur un tapis de Turquie
Le couvert se trouva mis.
Je laisse à penser la vie
Que firent ces deux amis.

Le régal fut fort honnête,
Rien ne manquait au festin;
Mais quelqu'un troubla la fête
Pendant qu'ils étaient en train.

À la porte de la salle
Ils entendirent du bruit :
Le rat de ville détale;
Son camarade le suit.

Le bruit cesse, on se retire :
Rats en campagne aussitôt;
Et le citadin de dire :
« Achevons tout notre rôt.

C'est assez, dit le rustique;
Demain vous viendrez chez moi :
Ce n'est pas que je me pique
De tous vos festins de roi;

Mais rien ne vient m'interrompre :
Je mange tout à loisir.
Adieu donc; fi du plaisir
Que la crainte peut corrompre. »

PANNEMAKER-DOMS Sc
G. Doré

Le loup et l'agneau

La raison du plus fort est toujours la meilleure :
Nous l'allons montrer tout à l'heure.

Un agneau se désaltérait
Dans le courant d'une onde pure.
Un loup survient à jeun qui cherchait aventure,
Et que la faim en ces lieux attirait.
« Qui te rend si hardi de troubler mon breuvage ?
Dit cet animal plein de rage :
Tu seras châtié de ta témérité.
– Sire, répond l'agneau, que Votre Majesté
Ne se mette pas en colère ;
Mais plutôt qu'elle considère
Que je me vas désaltérant
Dans le courant,
Plus de vingt pas au-dessous d'Elle,
Et que par conséquent, en aucune façon,
Je ne puis troubler sa boisson.
– Tu la troubles, reprit cette bête cruelle,
Et je sais que de moi tu médis l'an passé.
– Comment l'aurais-je fait si je n'étais pas né ?
Reprit l'agneau, je tête encor ma mère
– Si ce n'est toi, c'est donc ton frère.
– Je n'en ai point. – C'est donc quelqu'un des tiens :
Car vous ne m'épargnez guère,
Vous, vos bergers, et vos chiens.
On me l'a dit : il faut que je me venge. »
Là-dessus, au fond des forêts
Le loup l'emporte, et puis le mange,
Sans autre forme de procès.

Jac ETTLING

Les voleurs et l'âne

Pour un âne enlevé deux voleurs se battaient :
L'un voulait le garder ; l'autre le voulait vendre.
Tandis que coups de poing trottaient,
Et que nos champions songeaient à se défendre,
Arrive un troisième larron
Qui saisit maître Aliboron.
L'âne, c'est quelquefois une pauvre province.
Les voleurs sont tel ou tel prince,
Comme le Transylvain, le Turc, et le Hongrois.
Au lieu de deux, j'en ai rencontré trois :
Il est assez de cette marchandise.
De nul d'eux n'est souvent la province conquise :
Un quart voleur survient, qui les accorde net
En se saisissant du baudet.

G.ve Doré
BERTRAND Sc

La Mort et le bûcheron

Un pauvre bûcheron tout couvert de ramée,
Sous le faix du fagot aussi bien que des ans
Gémissant et courbé marchait à pas pesants,
Et tâchait de gagner sa chaumine enfumée.
Enfin, n'en pouvant plus d'effort et de douleur,
Il met bas son fagot, il songe à son malheur.
Quel plaisir a-t-il eu depuis qu'il est au monde ?
En est-il un plus pauvre en la machine ronde ?
Point de pain quelquefois, et jamais de repos :
Sa femme, ses enfants, les soldats, les impôts,
Le créancier, et la corvée
Lui font d'un malheureux la peinture achevée.
Il appelle la Mort, elle vient sans tarder,
Lui demande ce qu'il faut faire.
« C'est, dit-il, afin de m'aider
À recharger ce bois ; tu ne tarderas guère. »

Le trépas vient tout guérir ;
Mais ne bougeons d'où nous sommes.
Plutôt souffrir que mourir,
C'est la devise des hommes.

Le renard et la cigogne

Compère le Renard se mit un jour en frais,
Et retint à dîner commère la Cigogne.
Le régal fut petit, et sans beaucoup d'apprêts ;
Le galant pour toute besogne
Avait un brouet clair (il vivait chichement).
Ce brouet fut par lui servi sur une assiette :
La cigogne au long bec n'en put attraper miette ;
Et le drôle eut lapé le tout en un moment.
Pour se venger de cette tromperie,
À quelque temps de là, la cigogne le prie.
« Volontiers, lui dit-il, car avec mes amis
Je ne fais point cérémonie. »
À l'heure dite il courut au logis
De la cigogne son hôtesse,
Loua très fort la politesse,
Trouva le dîner cuit à point.
Bon appétit surtout ; renards n'en manquent point.
Il se réjouissait à l'odeur de la viande
Mise en menus morceaux, et qu'il croyait friande.
On servit, pour l'embarrasser,
En un vase à long col, et d'étroite embouchure.
Le bec de la cigogne y pouvait bien passer,
Mais le museau du sire était d'autre mesure.
Il lui fallut à jeun retourner au logis,
Honteux comme un renard qu'une poule aurait pris,
Serrant la queue, et portant bas l'oreille.

Trompeurs, c'est pour vous que j'écris :
Attendez-vous à la pareille.

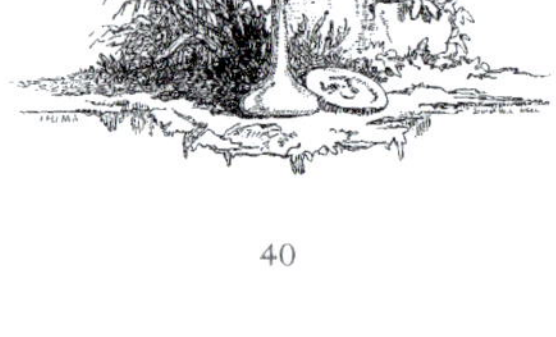

Le chêne et le roseau

Le chêne un jour dit au roseau :
« Vous avez bien sujet d'accuser la Nature;
Un roitelet pour vous est un pesant fardeau.
Le moindre vent qui d'aventure
Fait rider la face de l'eau,
Vous oblige à baisser la tête :
Cependant que mon front, au Caucase pareil,
Non content d'arrêter les rayons du soleil,
Brave l'effort de la tempête.
Tout vous est aquilon, tout me semble zéphyr.
Encor si vous naissiez à l'abri du feuillage
Dont je couvre le voisinage,
Vous n'auriez pas tant à souffrir :
Je vous défendrais de l'orage;
Mais vous naissez le plus souvent
Sur les humides bords des royaumes du vent.
La Nature envers vous me semble bien injuste.
– Votre compassion, lui répondit l'arbuste,
Part d'un bon naturel; mais quittez ce souci.
Les vents me sont moins qu'à vous redoutables.
Je plie, et ne romps pas. Vous avez jusqu'ici
Contre leurs coups épouvantables
Résisté sans courber le dos;
Mais attendons la fin. » Comme il disait ces mots
Du bout de l'horizon accourt avec furie
Le plus terrible des enfants
Que le Nord eût porté jusque-là dans ses flancs.
L'arbre tient bon; le roseau plie.
Le vent redouble ses efforts,
Et fait si bien qu'il déracine
Celui de qui la tête au ciel était voisine,
Et dont les pieds touchaient à l'Empire des morts.

G. Doré
Pannemaker Doms. sc.

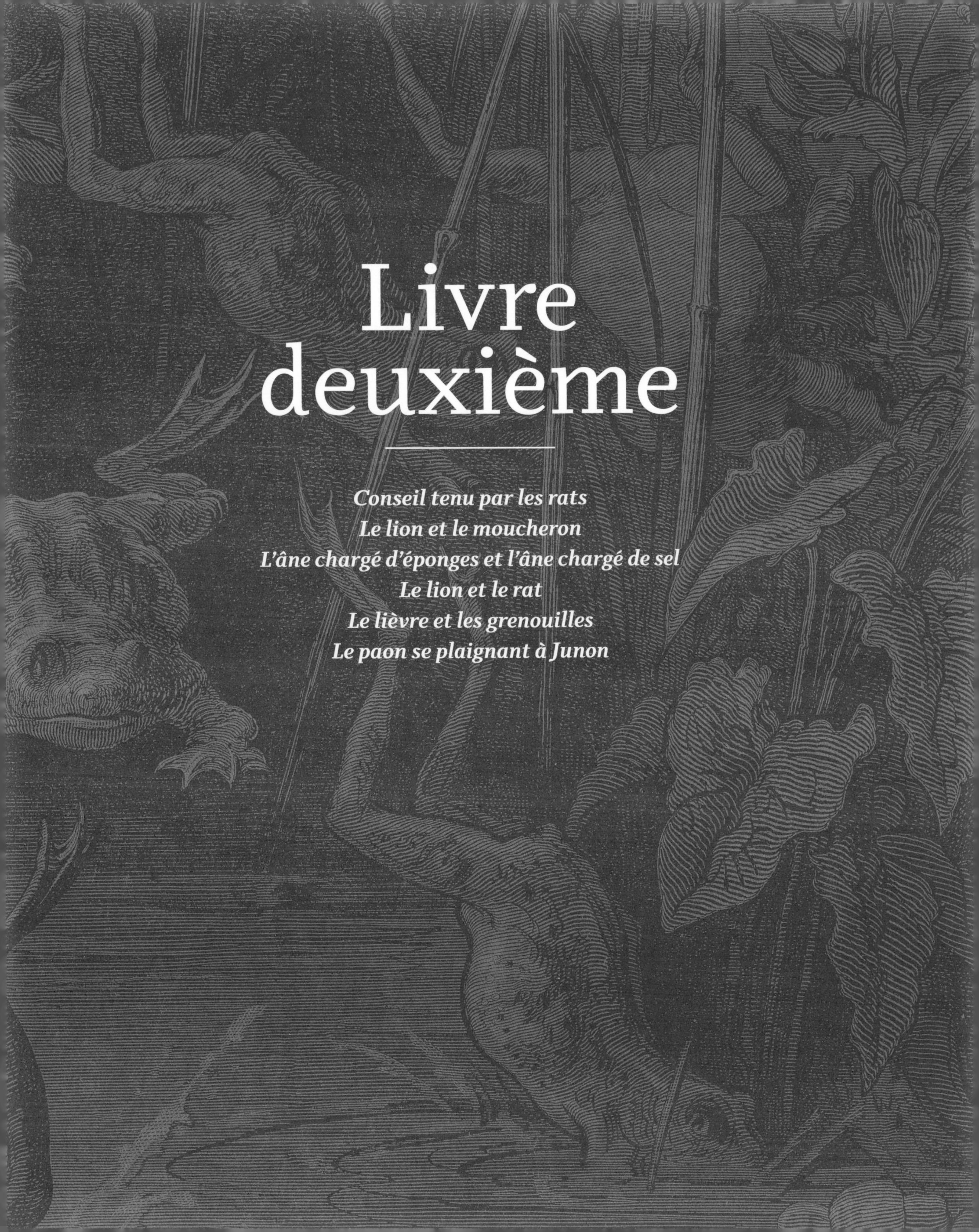

Livre deuxième

Conseil tenu par les rats
Le lion et le moucheron
L'âne chargé d'éponges et l'âne chargé de sel
Le lion et le rat
Le lièvre et les grenouilles
Le paon se plaignant à Junon

Conseil tenu par les rats

Un chat, nommé Rodilardus
Faisait de rats telle déconfiture
Que l'on n'en voyait presque plus,
Tant il en avait mis dedans la sépulture.
Le peu qu'il en restait, n'osant quitter son trou,
Ne trouvait à manger que le quart de son sou;
Et Rodilard passait, chez la gent misérable,
Non pour un chat, mais pour un diable.
Or un jour qu'au haut et au loin
Le galant alla chercher femme,
Pendant tout le sabbat qu'il fit avec sa dame,
Le demeurant des rats tint chapitre en un coin
Sur la nécessité présente.
Dès l'abord leur doyen, personne fort prudente,
Opina qu'il fallait, et plus tôt que plus tard,
Attacher un grelot au cou de Rodilard;
Qu'ainsi, quand il irait en guerre,
De sa marche avertis, ils s'enfuiraient sous terre;
Qu'il n'y savait que ce moyen.
Chacun fut de l'avis de monsieur le Doyen,
Chose ne leur parut à tous plus salutaire.
La difficulté fut d'attacher le grelot.
L'un dit : « Je n'y vas point, je ne suis pas si sot »;
L'autre : « Je ne saurais. » Si bien que sans rien faire
On se quitta. J'ai maints chapitres vus,
Qui pour néant se sont ainsi tenus :
Chapitres non de rats, mais chapitres de moines,
Voire chapitres de chanoines.

Ne faut-il que délibérer,
La Cour en conseillers foisonne;
Est-il besoin d'exécuter,
L'on ne rencontre plus personne.

G. Doré
BERTRAND Sc.

Le lion et le moucheron

« Va-t'en, chétif insecte, excrément de la terre. »
C'est en ces mots que le lion
Parlait un jour au moucheron.
L'autre lui déclara la guerre.
« Penses-tu, lui dit-il, que ton titre de roi
Me fasse peur ni me soucie ?
Un bœuf est plus puissant que toi,
Je le mène à ma fantaisie. »
À peine il achevait ces mots
Que lui-même il sonna la charge,
Fut le trompette et le héros.
Dans l'abord il se met au large,
Puis prend son temps, fond sur le cou
Du lion, qu'il rend presque fou.
Le quadrupède écume, et son œil étincelle ;
Il rugit, on se cache, on tremble à l'environ ;
Et cette alarme universelle
Est l'ouvrage d'un moucheron.
Un avorton de mouche en cent lieux le harcelle,
Tantôt pique l'échine, et tantôt le museau,
Tantôt entre au fond du naseau.
La rage alors se trouve à son faîte montée.
L'invisible ennemi triomphe, et rit de voir
Qu'il n'est griffe ni dent en la bête irritée
Qui de la mettre en sang ne fasse son devoir.
Le malheureux lion se déchire lui-même,
Fait résonner sa queue à l'entour de ses flancs,
Bat l'air, qui n'en peut mais ; et sa fureur extrême
Le fatigue, l'abat ; le voilà sur les dents.
L'insecte du combat se retire avec gloire :
Comme il sonna la charge, il sonne la victoire,
Va partout l'annoncer, et rencontre en chemin
L'embuscade d'une araignée :
Il y rencontre aussi sa fin.

Quelle chose par là nous peut être enseignée ?
J'en vois deux, dont l'une est qu'entre nos ennemis
Les plus à craindre sont souvent les plus petits ;
L'autre, qu'aux grands périls tel a pu se soustraire,
Qui périt pour la moindre affaire.

L'âne chargé d'éponges et l'âne chargé de sel

Un ânier, son sceptre à la main,
Menait, en empereur romain,
Deux coursiers à longues oreilles.
L'un d'éponges chargé marchait comme un courrier ;
Et l'autre se faisant prier
Portait, comme on dit, les bouteilles :
Sa charge était de sel. Nos gaillards pèlerins,
Par monts, par vaux et par chemins,
Au gué d'une rivière à la fin arrivèrent,
Et fort empêchés se trouvèrent.
L'ânier, qui tous les jours traversait ce gué-là,
Sur l'âne à l'éponge monta,
Chassant devant lui l'autre bête,
Qui voulant en faire à sa tête,
Dans un trou se précipita,
Revint sur l'eau, puis échappa ;
Car au bout de quelques nagées,
Tout son sel se fondit si bien
Que le baudet ne sentit rien
Sur ses épaules soulagées.
Camarade épongier prit exemple sur lui,
Comme un mouton qui va dessus la foi d'autrui.
Voilà mon âne à l'eau : jusqu'au col il se plonge,
Lui, le conducteur et l'éponge.
Tous trois burent d'autant : l'ânier et le grison
Firent à l'éponge raison.
Celle-ci devint si pesante,
Et de tant d'eau s'emplit d'abord,
Que l'âne succombant ne put gagner le bord.
L'ânier l'embrassait dans l'attente
D'une prompte et certaine mort.
Quelqu'un vint au secours : qui ce fut, il n'importe ;
C'est assez qu'on ait vu par là qu'il ne faut point
Agir chacun de même sorte.
J'en voulais venir à ce point.

Le lion et le rat

Il faut, autant qu'on peut, obliger tout le monde :
On a souvent besoin d'un plus petit que soi.
De cette vérité deux fables feront foi,
Tant la chose en preuves abonde.

Entre les pattes d'un lion
Un rat sortit de terre assez à l'étourdie.
Le roi des animaux, en cette occasion,
Montra ce qu'il était, et lui donna la vie.
Ce bienfait ne fut pas perdu.
Quelqu'un aurait-il jamais cru
Qu'un lion d'un rat eût affaire ?
Cependant il avint qu'au sortir des forêts
Ce lion fut pris dans des rets
Dont ses rugissements ne le purent défaire.
Sire Rat accourut, et fit tant par ses dents
Qu'une maille rongée emporta tout l'ouvrage.

Patience et longueur de temps
Font plus que force ni que rage.

Le lièvre et les grenouilles

Un lièvre en son gîte songeait
(Car que faire en un gîte, à moins que l'on ne songe ?);
Dans un profond ennui ce lièvre se plongeait :
Cet animal est triste, et la crainte le ronge.
« Les gens de naturel peureux
Sont, disait-il, bien malheureux ;
Ils ne sauraient manger morceau qui leur profite.
Jamais un plaisir pur, toujours assauts divers :
Voilà comme je vis : cette crainte maudite
M'empêche de dormir, sinon les yeux ouverts.
Corrigez-vous, dira quelque sage cervelle.
Et la peur se corrige-t-elle ?
Je crois même qu'en bonne foi
Les hommes ont peur comme moi. »
Ainsi raisonnait notre lièvre
Et cependant faisait le guet.
Il était douteux, inquiet :
Un souffle, une ombre, un rien, tout lui donnait la fièvre.
Le mélancolique animal,
En rêvant à cette matière,
Entend un léger bruit : ce lui fut un signal
Pour s'enfuir devers sa tanière.
Il s'en alla passer sur le bord d'un étang.
Grenouilles aussitôt de sauter dans les ondes,
Grenouilles de rentrer en leurs grottes profondes.
« Oh ! dit-il, j'en fais faire autant
Qu'on m'en fait faire ! Ma présence
Effraie aussi les gens, je mets l'alarme au camp !
Et d'où me vient cette vaillance ?
Comment ! des animaux qui tremblent devant moi !
Je suis donc un foudre de guerre ?
Il n'est, je le vois bien, si poltron sur la terre
Qui ne puisse trouver un plus poltron que soi. »

G. Doré
PANNEMAKER-DOMS Sc.

Le paon se plaignant à Junon

Le paon se plaignait à Junon :
« Déesse, disait-il, ce n'est pas sans raison
Que je me plains, que je murmure :
Le chant dont vous m'avez fait don
Déplaît à toute la nature;
Au lieu qu'un rossignol, chétive créature,
Forme des sons aussi doux qu'éclatants,
Est lui seul l'honneur du printemps. »
Junon répondit en colère :
« Oiseau jaloux, et qui devrais te taire,
Est-ce à toi d'envier la voix du rossignol,
Toi que l'on voit porter à l'entour de ton col
Un arc-en-ciel nué de cent sortes de soies;
Qui te panades, qui déploies
Une si riche queue, et qui semble à nos yeux
La boutique d'un lapidaire?
Est-il quelque oiseau sous les cieux
Plus que toi capable de plaire?
Tout animal n'a pas toutes propriétés.
Nous vous avons donné diverses qualités :
Les uns ont la grandeur et la force en partage;
Le faucon est léger, l'aigle plein de courage;
Le corbeau sert pour le présage,
La corneille avertit des malheurs à venir;
Tous sont contents de leur ramage.
Cesse donc de te plaindre, ou bien, pour te punir,
Je t'ôterai ton plumage. »

Livre troisième

Le meunier, son fils et l'âne
À M. de Maucroix

L'invention des arts étant un droit d'aînesse,
Nous devons l'apologue à l'ancienne Grèce.
Mais ce champ ne se peut tellement moissonner
Que les derniers venus n'y trouvent à glaner.
La feinte est un pays plein de terres désertes.
Tous les jours nos auteurs y font des découvertes.
Je t'en veux dire un trait assez bien inventé;
Autrefois à Racan Malherbe l'a conté.
Ces deux rivaux d'Horace, héritiers de sa lyre,
Disciples d'Apollon, nos maîtres, pour mieux dire,
Se rencontrant un jour tout seuls et sans témoins
(Comme ils se confiaient leurs pensers et leurs soins),
Racan commence ainsi : « Dites-moi, je vous prie,
Vous qui devez savoir les choses de la vie,
Qui par tous ces degrés avez déjà passé,
Et que rien ne doit fuir en cet âge avancé,
À quoi me résoudrai-je ? Il est temps que j'y pense.
Vous connaissez mon bien, mon talent, ma naissance.
Dois-je dans la province établir mon séjour,
Prendre emploi dans l'armée, ou bien charge à la cour ?
Tout au monde est mêlé d'amertume et de charmes.
La guerre a ses douceurs, l'hymen a ses alarmes.
Si je suivais mon goût, je saurais où buter ;
Mais j'ai les miens, la cour, le peuple à contenter. »
Malherbe là-dessus : « Contenter tout le monde !
Écoutez ce récit avant que je réponde. »

J'ai lu dans quelque endroit qu'un meunier et son fils,
L'un vieillard, l'autre enfant, non pas des plus petits,
Mais garçon de quinze ans, si j'ai bonne mémoire,
Allaient vendre leur âne, un certain jour de foire.
Afin qu'il fût plus frais et de meilleur débit,
On lui lia les pieds, on vous le suspendit ;
Puis cet homme et son fils le portent comme un lustre.
Pauvres gens, idiots, couple ignorant et rustre.
Le premier qui les vit de rire s'éclata.
« Quelle farce, dit-il, vont jouer ces gens-là ?
Le plus âne des trois n'est pas celui qu'on pense. »
Le meunier à ces mots connaît son ignorance ;
Il met sur pieds sa bête, et la fait détaler.
L'âne, qui goûtait fort l'autre façon d'aller,
Se plaint en son patois. Le meunier n'en a cure.
Il fait monter son fils, il suit, et d'aventure
Passent trois bons marchands. Cet objet leur déplut.
Le plus vieux au garçon s'écria tant qu'il put :
« Oh là ! oh ! descendez, que l'on ne vous le dise,
Jeune homme, qui menez laquais à barbe grise.
C'était à vous de suivre, au vieillard de monter.
– Messieurs, dit le meunier, il vous faut contenter. »
L'enfant met pied à terre, et puis le vieillard monte,
Quand trois filles passant, l'une dit : « C'est grand'honte
Qu'il faille voir ainsi clocher ce jeune fils,
Tandis que ce nigaud, comme un évêque assis,
Fait le veau sur son âne, et pense être bien sage.
– Il n'est, dit le meunier, plus de veaux à mon âge :
Passez votre chemin, la fille, et m'en croyez. »
Après maints quolibets coup sur coup renvoyés,
L'homme crut avoir tort, et mit son fils en croupe.
Au bout de trente pas, une troisième troupe
Trouve encore à gloser. L'un dit : « Ces gens sont fous,
Le baudet n'en peut plus ; il mourra sous leurs coups.
Hé quoi ! charger ainsi cette pauvre bourrique !
N'ont-ils point de pitié de leur vieux domestique ?
Sans doute qu'à la foire ils vont vendre sa peau.
– Parbieu, dit le meunier, est bien fou du cerveau
Qui prétend contenter tout le monde et son père.

G. Doré
BERTRAND Sc

Essayons toutefois, si par quelque manière
Nous en viendrons à bout. » Ils descendent tous deux.
L'âne, se prélassant, marche seul devant eux.
Un quidam les rencontre, et dit : « Est-ce la mode
Que baudet aille à l'aise, et meunier s'incommode ?
Qui de l'âne ou du maître est fait pour se lasser ?
Je conseille à ces gens de le faire enchâsser.
Ils usent leurs souliers, et conservent leur âne.
Nicolas au rebours, car, quand il va voir Jeanne,
Il monte sur sa bête ; et la chanson le dit.
Beau trio de baudets ! » Le meunier repartit :
« Je suis âne, il est vrai, j'en conviens, je l'avoue ;
Mais que dorénavant on me blâme, on me loue ;
Qu'on dise quelque chose ou qu'on ne dise rien ;
J'en veux faire à ma tête. » Il le fit, et fit bien.

Quant à vous, suivez Mars, ou l'Amour, ou le Prince ;
Allez, venez, courez ; demeurez en province ;
Prenez femme, abbaye, emploi, gouvernement :
Les gens en parleront, n'en doutez nullement.

G. Doré

Le loup devenu berger

Un loup qui commençait d'avoir petite part
Aux brebis de son voisinage,
Crut qu'il fallait s'aider de la peau du renard,
Et faire un nouveau personnage.
Il s'habille en berger, endosse un hoqueton,
Fait sa houlette d'un bâton,
Sans oublier la cornemuse.
Pour pousser jusqu'au bout la ruse,
Il aurait volontiers écrit sur son chapeau :
C'est moi qui suis Guillot, berger de ce troupeau.
Sa personne étant ainsi faite
Et ses pieds de devant posés sur sa houlette,
Guillot le sycophante approche doucement.
Guillot le vrai Guillot étendu sur l'herbette,
Dormait alors profondément.
Son chien dormait aussi, comme aussi sa musette.
La plupart des brebis dormaient pareillement.
L'hypocrite les laissa faire,
Et pour pouvoir mener vers son fort les brebis
Il voulut ajouter la parole aux habits,
Chose qu'il croyait nécessaire.
Mais cela gâta son affaire,
Il ne put du pasteur contrefaire la voix.
Le ton dont il parla fit retentir les bois,
Et découvrit tout le mystère.
Chacun se réveille à ce son,
Les brebis, le chien, le garçon.
Le pauvre loup, dans cet esclandre,
Empêché par son hoqueton,
Ne put ni fuir ni se défendre.

Toujours par quelque endroit fourbes se laissent prendre.
Quiconque est loup agisse en loup :
C'est le plus certain de beaucoup.

G. Doré

Les grenouilles qui demandent un roi

Les grenouilles, se lassant
De l'état démocratique,
Par leurs clameurs firent tant
Que Jupin les soumit au pouvoir monarchique.
Il leur tomba du ciel un roi tout pacifique :
Ce roi fit toutefois un tel bruit en tombant
Que la gent marécageuse,
Gent fort sotte et fort peureuse,
S'alla cacher sous les eaux,
Dans les joncs, dans les roseaux,
Dans les trous du marécage,
Sans oser de longtemps regarder au visage
Celui qu'elles croyaient être un géant nouveau;
Or c'était un soliveau,
De qui la gravité fit peur à la première
Qui de le voir s'aventurant
Osa bien quitter sa tanière.
Elle approcha, mais en tremblant.
Une autre la suivit, une autre en fit autant,
Il en vint une fourmilière;
Et leur troupe à la fin se rendit familière
Jusqu'à sauter sur l'épaule du roi.
Le bon sire le souffre, et se tient toujours coi.
Jupin en a bientôt la cervelle rompue.
« Donnez-nous, dit ce peuple, un roi qui se remue. »
Le monarque des dieux leur envoie une grue,
Qui les croque, qui les tue,
Qui les gobe à son plaisir,
Et grenouilles de se plaindre;
Et Jupin de leur dire : « Eh quoi ! votre désir
À ses lois croit-il nous astreindre ?
Vous avez dû premièrement
Garder votre gouvernement;
Mais, ne l'ayant pas fait, il vous devait suffire
Que votre premier roi fût débonnaire et doux :
De celui-ci contentez-vous,
De peur d'en rencontrer un pire. »

G. Doré

Le renard et les raisins

Certain renard gascon, d'autres disent normand,
Mourant presque de faim, vit au haut d'une treille
Des raisins mûrs apparemment
Et couverts d'une peau vermeille.
Le galant en eût fait volontiers un repas ;
Mais comme il n'y pouvait point atteindre:
« Ils sont trop verts, dit-il, et bons pour des goujats. »

Fit-il pas mieux que de se plaindre ?

Les loups et les brebis

Après mille ans et plus de guerre déclarée,
Les loups firent la paix avecque les brebis.
C'était apparemment le bien des deux partis :
Car, si les loups mangeaient mainte bête égarée,
Les bergers de leur peau se faisaient maints habits.
Jamais de liberté, ni pour les pâturages,
    Ni d'autre part pour les carnages.
Ils ne pouvaient jouir qu'en tremblant de leurs biens.
La paix se conclut donc; on donne des otages :
Les loups leurs louveteaux, et les brebis leurs chiens.
L'échange en étant fait aux formes ordinaires,
    Et réglé par des commissaires,
Au bout de quelque temps que messieurs les Louvats
Se virent loups parfaits et friands de tuerie,
Ils vous prennent le temps que dans la bergerie
    Messieurs les Bergers n'étaient pas,
Étranglent la moitié des agneaux les plus gras,
Les emportent aux dents, dans les bois se retirent.
Ils avaient averti leurs gens secrètement.
Les chiens, qui, sur leur foi, reposaient sûrement,
    Furent étranglés en dormant :
Cela fut sitôt fait qu'à peine ils le sentirent.
Tout fut mis en morceaux; un seul n'en échappa.

    Nous pouvons conclure de là
Qu'il faut faire aux méchants guerre continuelle.
    La paix est fort bonne de soi,
    J'en conviens; mais de quoi sert-elle
    Avec des ennemis sans foi ?

G. Doré

Philomèle et Progné

Autrefois Progné l'hirondelle
De sa demeure s'écarta,
Et loin des villes s'emporta
Dans un bois où chantait la pauvre Philomèle.
« Ma sœur, lui dit Progné, comment vous portez-vous ?
Voici tantôt mille ans que l'on ne vous a vue :
Je ne me souviens point que vous soyez venue
Depuis le temps de Thrace habiter parmi nous.
Dites-moi, que pensez-vous faire ?
Ne quitterez-vous point ce séjour solitaire ?
– Ah ! reprit Philomèle, en est-il de plus doux ? »
Progné lui repartit : « Eh quoi, cette musique,
Pour ne chanter qu'aux animaux,
Tout au plus à quelque rustique ?
Le désert est-il fait pour des talents si beaux ?
Venez faire aux cités éclater leurs merveilles.
Aussi bien, en voyant les bois,
Sans cesse il vous souvient que Térée autrefois
Parmi des demeures pareilles
Exerça sa fureur sur vos divins appas.
– Et c'est le souvenir d'un si cruel outrage
Qui fait, reprit sa sœur, que je ne vous suis pas :
En voyant les hommes, hélas !
Il m'en souvient bien davantage. »

Le chat et le vieux rat

J'ai lu chez un conteur de fables,
Qu'un second Rodilard, l'Alexandre des chats,
L'Attila, le fléau des rats,
Rendait ces derniers misérables :
J'ai lu, dis-je, en certain auteur,
Que ce chat exterminateur,
Vrai Cerbère, était craint une lieue à la ronde :
Il voulait de souris dépeupler tout le monde.
Les planches qu'on suspend sur un léger appui,
La mort aux rats, les souricières,
N'étaient que jeux au prix de lui.
Comme il voit que dans leurs tanières
Les souris étaient prisonnières,
Qu'elles n'osaient sortir, qu'il avait beau chercher,
Le galant fait le mort, et du haut d'un plancher
Se pend la tête en bas. La bête scélérate
À de certains cordons se tenait par la patte.
Le peuple des souris croit que c'est châtiment,
Qu'il a fait un larcin de rôt ou de fromage,
Égratigné quelqu'un, causé quelque dommage,
Enfin qu'on a pendu le mauvais garnement.
Toutes, dis-je, unanimement
Se promettent de rire à son enterrement,
Mettent le nez à l'air, montrent un peu la tête,
Puis rentrent dans leurs nids à rats,
Puis, ressortant, font quatre pas,
Puis enfin se mettent en quête.
Mais voici bien une autre fête :
Le pendu ressuscite, et sur ses pieds tombant,
Attrape les plus paresseuses.
« Nous en savons plus d'un, dit-il en les gobant :
C'est tour de vieille guerre, et vos cavernes creuses
Ne vous sauveront pas, je vous en avertis ;
Vous viendrez toutes au logis. »
Il prophétisait vrai : notre maître Mitis
Pour la seconde fois les trompe et les affine,
Blanchit sa robe et s'enfarine,
Et de la sorte déguisé,
Se niche et se blottit dans une huche ouverte.
Ce fut à lui bien avisé :
La gent trotte-menu s'en vient chercher sa perte.
Un rat sans plus s'abstient d'aller flairer autour :
C'était un vieux routier : il savait plus d'un tour ;
Même il avait perdu sa queue à la bataille.
« Ce bloc enfariné ne me dit rien qui vaille,
S'écria-t-il de loin au général des chats.
Je soupçonne dessous encor quelque machine.
Rien ne te sert d'être farine ;
Car quand tu serais sac, je n'approcherais pas. »

C'était bien dit à lui ; j'approuve sa prudence :
Il était expérimenté,
Et savait que la méfiance
Est mère de la sûreté.

G. Doré

Livre quatrième

Le lion amoureux
Le berger et la mer
Le singe et le dauphin
Le chameau et les bâtons flottants
Le loup, la mère et l'enfant
Le vieillard et ses enfants
L'avare qui a perdu son trésor
L'œil du maître
L'alouette et ses petits, avec le maître d'un champ

Le lion amoureux
À mademoiselle de Sévigné

Sévigné, de qui les attraits
Servent aux Grâces de modèle,
Et qui naquîtes toute belle,
À votre indifférence près,
Pourriez-vous être favorable
Aux jeux innocents d'une fable,
Et voir sans vous épouvanter
Un lion qu'Amour sut dompter ?
Amour est un étrange maître.
Heureux qui peut ne le connaître
Que par récit, lui ni ses coups !
Quand on en parle devant vous,
Si la vérité vous offense,
La fable au moins se peut souffrir :
Celle-ci prend bien l'assurance
De venir à vos pieds s'offrir,
Par zèle et par reconnaissance.

Du temps que les bêtes parlaient,
Les lions, entre autres, voulaient
Être admis dans notre alliance.
Pourquoi non ? puisque leur engeance
Valait la nôtre en ce temps-là,
Ayant courage, intelligence,
Et belle hure outre cela.
Voici comment il en alla.

Un lion de haut parentage,
En passant par un certain pré,
Rencontra bergère à son gré :
Il la demande en mariage.
Le père aurait fort souhaité
Quelque gendre un peu moins terrible.
La donner lui semblait bien dur ;
La refuser n'était pas sûr ;
Même un refus eût fait possible
Qu'on eût vu quelque beau matin
Un mariage clandestin.
Car outre qu'en toute manière
La belle était pour les gens fiers,
Fille se coiffe volontiers
D'amoureux à longue crinière.
Le père donc ouvertement
N'osant renvoyer notre amant,
Lui dit : « Ma fille est délicate ;
Vos griffes la pourront blesser
Quand vous voudrez la caresser.
Permettez donc qu'à chaque patte
On vous les rogne, et pour les dents,
Qu'on vous les lime en même temps.
Vos baisers en seront moins rudes,
Et pour vous plus délicieux ;
Car ma fille y répondra mieux,
Étant sans ces inquiétudes. »
Le lion consent à cela,
Tant son âme était aveuglée !
Sans dents ni griffes le voilà,
Comme place démantelée.
On lâcha sur lui quelques chiens :
Il fit fort peu de résistance.

Amour, amour, quand tu nous tiens,
On peut bien dire : Adieu prudence !

PANNEMAKER-DOMS. Sc.

Le berger et la mer

Du rapport d'un troupeau dont il vivait sans soins
Se contenta longtemps un voisin d'Amphitrite.
Si sa fortune était petite,
Elle était sûre tout au moins.
À la fin les trésors déchargés sur la plage
Le tentèrent si bien qu'il vendit son troupeau,
Trafiqua de l'argent, le mit entier sur l'eau;
Cet argent périt par naufrage.
Son maître fut réduit à garder les brebis,
Non plus berger en chef comme il était jadis,
Quand ses propres moutons paissaient sur le rivage;
Celui qui s'était vu Coridon ou Tircis
Fut Pierrot, et rien davantage.
Au bout de quelque temps il fit quelques profits,
Racheta des bêtes à laine;
Et comme un jour les vents retenant leur haleine
Laissaient paisiblement aborder les vaisseaux :
« Vous voulez de l'argent, ô mesdames les Eaux,
Dit-il; adressez-vous, je vous prie, à quelque autre :
Ma foi, vous n'aurez pas le nôtre. »

Ceci n'est pas un conte à plaisir inventé.
Je me sers de la vérité
Pour montrer, par expérience,
Qu'un sou, quand il est assuré,
Vaut mieux que cinq en espérance;
Qu'il se faut contenter de sa condition;
Qu'aux conseils de la mer et de l'ambition
Nous devons fermer les oreilles.
Pour un qui s'en louera, dix mille s'en plaindront.
La mer promet monts et merveilles;
Fiez-vous-y, les vents et les voleurs viendront.

Le singe et le dauphin

C'était chez les Grecs un usage
Que sur la mer tous voyageurs
Menaient avec eux en voyage
Singes et chiens de bateleurs.
Un navire en cet équipage
Non loin d'Athènes fit naufrage,
Sans les dauphins tout eût péri.
Cet animal est fort ami
De notre espèce : en son Histoire
Pline le dit, il le faut croire.
Il sauva donc tout ce qu'il put.
Même un singe en cette occurrence,
Profitant de la ressemblance,
Lui pensa devoir son salut.
Un dauphin le prit pour un homme,
Et sur son dos le fit asseoir
Si gravement qu'on eût cru voir
Ce chanteur que tant on renomme.
Le dauphin l'allait mettre à bord,
Quand par hasard il lui demande :
« Êtes-vous d'Athènes la grande ?
– Oui, dit l'autre, on m'y connaît fort ;
S'il vous y survient quelque affaire,
Employez-moi ; car mes parents
Y tiennent tous les premiers rangs :
Un mien cousin est juge-maire. »
Le dauphin dit : « Bien grand merci :
Et le Pirée a part aussi
À l'honneur de votre présence ?
Vous le voyez souvent ? je pense.
– Tous les jours : il est mon ami,
C'est une vieille connaissance. »
Notre magot prit pour ce coup
Le nom d'un port pour un nom d'homme.

De telles gens il est beaucoup
Qui prendraient Vaugirard pour Rome,
Et qui, caquetant au plus dru,
Parlent de tout et n'ont rien vu.
Le dauphin rit, tourne la tête,
Et, le magot considéré,
Il s'aperçoit qu'il n'a tiré
Du fond des eaux rien qu'une bête.
Il l'y replonge, et va trouver
Quelque homme afin de le sauver.

G. Doré
A. Ligny

Le chameau et les bâtons flottants

Le premier qui vit un chameau
S'enfuit à cet objet nouveau;
Le second approcha; le troisième osa faire
Un licou pour le dromadaire.
L'accoutumance ainsi nous rend tout familier.
Ce qui nous paraissait terrible et singulier
S'apprivoise avec notre vue,
Quand ce vient à la continue.
Et puisque nous voici tombés sur ce sujet,
On avait mis des gens au guet,
Qui voyant sur les eaux de loin certain objet,
Ne purent s'empêcher de dire
Que c'était un puissant navire.
Quelques moments après, l'objet devint brûlot,
Et puis nacelle, et puis ballot,
Enfin bâtons flottants sur l'onde.

J'en sais beaucoup de par le monde
À qui ceci conviendrait bien:
De loin c'est quelque chose, et de près ce n'est rien.

Le loup, la mère et l'enfant

Ce loup me remet en mémoire
Un de ses compagnons qui fut encor mieux pris.
Il y périt ; voici l'histoire.

Un Villageois avait à l'écart son logis.
Messer Loup attendait chape-chute à la porte.
Il avait vu sortir gibier de toute sorte :
Veaux de lait, agneaux et brebis,
Régiments de dindons, enfin bonne provende.
Le larron commençait pourtant à s'ennuyer.
Il entend un enfant crier.
La mère aussitôt le gourmande,
Le menace, s'il ne se tait,
De le donner au loup. L'animal se tient prêt,
Remerciant les dieux d'une telle aventure,
Quand la mère, apaisant sa chère géniture,
Lui dit : « Ne criez point ; s'il vient, nous le tuerons.
– Qu'est ceci ? s'écria le mangeur de moutons.
Dire d'un, puis d'un autre ? Est-ce ainsi que l'on traite
Les gens faits comme moi ? me prend-on pour un sot ?
Que quelque jour ce beau marmot
Vienne au bois cueillir la noisette ! »
Comme il disait ces mots, on sort de la maison :
Un chien de cour l'arrête. Épieux et fourches-fières
L'ajustent de toutes manières.
« Que veniez-vous chercher en ce lieu ? » lui dit-on.
Aussitôt il conta l'affaire.
« Merci de moi, lui dit la mère,
Tu mangeras mon fils ? L'ai-je fait à dessein
Qu'il assouvisse un jour ta faim ? »
On assomma la pauvre bête.
Un manant lui coupa le pied droit et la tête :
Le seigneur du village à sa porte les mit,
Et ce dicton picard à l'entour fut écrit :

Biaux chires leux, n'écoutez mie
Mère tenchent chen fieux qui crie.

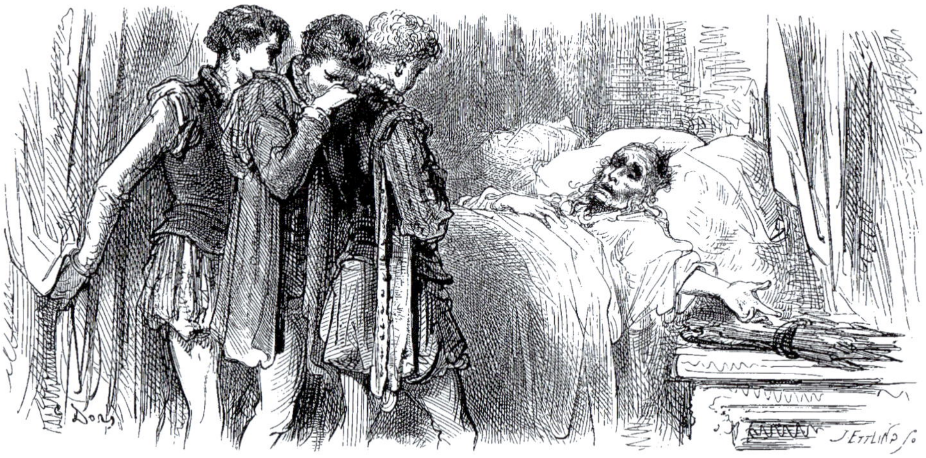

Le vieillard et ses enfants

Toute puissance est faible, à moins que d'être unie.
Ecoutez là-dessus l'esclave de Phrygie.
Si j'ajoute du mien à son invention,
C'est pour peindre nos mœurs, et non point par envie ;
Je suis trop au-dessous de cette ambition.
Phèdre enchérit souvent par un motif de gloire ;
Pour moi, de tels pensers me seraient malséants.
Mais venons à la fable, ou plutôt à l'histoire
De celui qui tâcha d'unir tous ses enfants.

Un vieillard prêt d'aller où la mort l'appelait :
« Mes chers enfants, dit-il (à ses fils, il parlait),
Voyez si vous romprez ces dards liés ensemble ;
Je vous expliquerai le nœud qui les assemble. »
L'aîné les ayant pris, et fait tous ses efforts,
Les rendit, en disant : « Je le donne aux plus forts. »
Un second lui succède, et se met en posture ;
Mais en vain. Un cadet tente aussi l'aventure.
Tous perdirent leur temps, le faisceau résista ;
De ces dards joints ensemble un seul ne s'éclata.
« Faibles gens ! dit le père, il faut que je vous montre
Ce que ma force peut en semblable rencontre. »
On crut qu'il se moquait ; on sourit, mais à tort.
Il sépare les dards, et les rompt sans effort.
« Vous voyez, reprit-il, l'effet de la concorde.
Soyez joints, mes enfants, que l'amour vous accorde. »
Tant que dura son mal, il n'eut autre discours.
Enfin se sentant prêt de terminer ses jours :
« Mes chers enfants, dit-il, je vais où sont nos pères.
Adieu, promettez-moi de vivre comme frères ;
Que j'obtienne de vous cette grâce en mourant. »
Chacun de ses trois fils l'en assure en pleurant.
Il prend à tous les mains ; il meurt ; et les trois frères
Trouvent un bien fort grand, mais fort mêlé d'affaires.
Un créancier saisit, un voisin fait procès.
D'abord notre trio s'en tire avec succès.
Leur amitié fut courte autant qu'elle était rare.
Le sang les avait joints, l'intérêt les sépare.
L'ambition, l'envie, avec les consultants,
Dans la succession entrent en même temps.
On en vient au partage, on conteste, on chicane.
Le juge sur cent points tour à tour les condamne.
Créanciers et voisins reviennent aussitôt ;
Ceux-là sur une erreur, ceux-ci sur un défaut.
Les frères désunis sont tous d'avis contraire :
L'un veut s'accommoder, l'autre n'en veut rien faire.
Tous perdirent leur bien, et voulurent trop tard
Profiter de ces dards unis et pris à part.

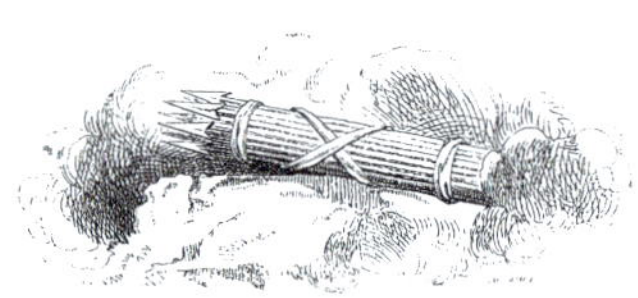

L'avare qui a perdu son trésor

L'usage seulement fait la possession.
Je demande à ces gens de qui la passion
Est d'entasser toujours, mettre somme sur somme,
Quel avantage ils ont que n'ait pas un autre homme.
Diogène là-bas est aussi riche qu'eux,
Et l'avare ici-haut comme lui vit en gueux.
L'homme au trésor caché qu'Ésope nous propose,
Servira d'exemple à la chose.

Ce malheureux attendait
Pour jouir de son bien une seconde vie ;
Ne possédait pas l'or, mais l'or le possédait.
Il avait dans la terre une somme enfouie,
Son cœur avec, n'ayant autre déduit
Que d'y ruminer jour et nuit,
Et rendre sa chevance à lui-même sacrée.
Qu'il allât ou qu'il vînt, qu'il bût ou qu'il mangeât,
On l'eût pris de bien court, à moins qu'il ne songeât
À l'endroit où gisait cette somme enterrée.
Il y fit tant de tours qu'un fossoyeur le vit,
Se douta du dépôt, l'enleva sans rien dire.
Notre avare un beau jour ne trouva que le nid.
Voilà mon homme aux pleurs ; il gémit, il soupire.
Il se tourmente, il se déchire.
Un passant lui demande à quel sujet ses cris.
« C'est mon trésor que l'on m'a pris.
– Votre trésor ? où pris ? – Tout joignant cette pierre.
– Eh ! sommes-nous en temps de guerre,
Pour l'apporter si loin ? N'eussiez-vous pas mieux fait
De le laisser chez vous en votre cabinet,
Que de le changer de demeure ?
Vous auriez pu sans peine y puiser à toute heure.
– À toute heure ? bons dieux ! ne tient-il qu'à cela ?
L'argent vient-il comme il s'en va ?
Je n'y touchais jamais. – Dites-moi donc, de grâce,
Reprit l'autre, pourquoi vous vous affligez tant,
Puisque vous ne touchiez jamais à cet argent :
Mettez une pierre à la place,
Elle vous vaudra tout autant. »

G. Doré

L'œil du maître

Un cerf s'étant sauvé dans une étable à bœufs
Fut d'abord averti par eux
Qu'il cherchât un meilleur asile.
« Mes frères, leur dit-il, ne me décelez pas :
Je vous enseignerai les pâtis les plus gras;
Ce service vous peut quelque jour être utile,
Et vous n'en aurez point regret. »
Les bœufs à toutes fins promirent le secret.
Il se cache en un coin, respire, et prend courage.
Sur le soir on apporte herbe fraîche et fourrage
Comme l'on faisait tous les jours.
L'on va, l'on vient, les valets font cent tours.
L'intendant même, et pas un d'aventure
N'aperçut ni corps, ni ramure,
Ni cerf enfin. L'habitant des forêts
Rend déjà grâce aux bœufs, attend dans cette étable
Que chacun retournant au travail de Cérès,
Il trouve pour sortir un moment favorable.
L'un des bœufs ruminant lui dit : « Cela va bien;
Mais quoi ! l'homme aux cent yeux n'a pas fait sa revue.
Je crains fort pour toi sa venue.
Jusque-là, pauvre cerf, ne te vante de rien. »
Là-dessus le maître entre et vient faire sa ronde.
« Qu'est ceci ? dit-il à son monde.
Je trouve bien peu d'herbe en tous ces râteliers.
Cette litière est vieille : allez vite aux greniers.
Je veux voir désormais vos bêtes mieux soignées.
Que coûte-t-il d'ôter toutes ces araignées ?
Ne saurait-on ranger ces jougs et ces colliers ? »
En regardant à tout, il voit une autre tête
Que celles qu'il voyait d'ordinaire en ce lieu.
Le cerf est reconnu; chacun prend un épieu;
Chacun donne un coup à la bête.
Ses larmes ne sauraient la sauver du trépas.
On l'emporte, on la sale, on en fait maint repas,
Dont maint voisin s'éjouit d'être.

Phèdre sur ce sujet dit fort élégamment :
Il n'est, pour voir, que l'œil du maître.
Quant à moi, j'y mettrais encor l'œil de l'amant.

G. Doré

L'alouette et ses petits, avec le maître d'un champ

Ne t'attends qu'à toi seul, c'est un commun proverbe.
Voici comme Ésope le mit
En crédit :

Les alouettes font leur nid
Dans les blés, quand ils sont en herbe,
C'est-à-dire environ le temps
Que tout aime et que tout pullule dans le monde :
Monstres marins au fond de l'onde,
Tigres dans les forêts, alouettes aux champs.
Une pourtant de ces dernières
Avait laissé passer la moitié d'un printemps
Sans goûter le plaisir des amours printanières.
À toute force enfin elle se résolut
D'imiter la nature, et d'être mère encore.
Elle bâtit un nid, pond, couve, et fait éclore
À la hâte; le tout alla du mieux qu'il put.
Les blés d'alentour mûrs avant que la nitée
Se trouvât assez forte encor
Pour voler et prendre l'essor,
De mille soins divers l'alouette agitée
S'en va chercher pâture, avertit ses enfants
D'être toujours au guet et faire sentinelle.
« Si le possesseur de ces champs
Vient avecque son fils (comme il viendra), dit-elle,
Écoutez bien; selon ce qu'il dira,
Chacun de nous décampera. »
Sitôt que l'alouette eut quitté sa famille,
Le possesseur du champ vient avecque son fils.
« Ces blés sont mûrs, dit-il : allez chez nos amis
Les prier que chacun, apportant sa faucille,
Nous vienne aider demain dès la pointe du jour. »
Notre alouette de retour
Trouve en alarme sa couvée.

A. Leyng

L'un commence : « Il a dit que, l'aurore levée,
L'on fît venir demain ses amis pour l'aider…
– S'il n'a dit que cela, repartit l'alouette,
Rien ne nous presse encor de changer de retraite ;
Mais c'est demain qu'il faut tout de bon écouter.
Cependant soyez gais ; voilà de quoi manger. »
Eux repus, tout s'endort, les petits et la mère.
L'aube du jour arrive ; et d'amis point du tout.
L'alouette à l'essor, le maître s'en vient faire
Sa ronde ainsi qu'à l'ordinaire.
« Ces blés ne devraient pas, dit-il, être debout.
Nos amis ont grand tort, et tort qui se repose
Sur de tels paresseux à servir ainsi lents.
Mon fils, allez chez nos parents
Les prier de la même chose. »
L'épouvante est au nid plus forte que jamais.
« Il a dit ses parents, mère, c'est à cette heure…
– Non, mes enfants dormez en paix ;
Ne bougeons de notre demeure. »
L'alouette eut raison, car personne ne vint.
Pour la troisième fois le maître se souvint
De visiter ses blés. « Notre erreur est extrême,
Dit-il, de nous attendre à d'autres gens que nous.
Il n'est meilleur ami ni parent que soi-même.
Retenez bien cela, mon fils ; et savez-vous
Ce qu'il faut faire ? Il faut qu'avec notre famille
Nous prenions dès demain chacun une faucille :
C'est là notre plus court, et nous achèverons
Notre moisson quand nous pourrons. »
Dès lors que ce dessein fut su de l'alouette :
« C'est ce coup qu'il est bon de partir, mes enfants. »
Et les petits, en même temps,
Voletants, se culebutants,
Délogèrent tous sans trompette.

Livre cinquième

Le bûcheron et Mercure

À M. le C. D. B.

Votre goût a servi de règle à mon ouvrage.
J'ai tenté les moyens d'acquérir son suffrage.
Vous voulez qu'on évite un soin trop curieux,
Et des vains ornements l'effort ambitieux.
Je le veux comme vous ; cet effort ne peut plaire.
Un auteur gâte tout quand il veut trop bien faire.
Non qu'il faille bannir certains traits délicats :
Vous les aimez, ces traits, et je ne les hais pas.
Quant au principal but qu'Ésope se propose,
J'y tombe au moins mal que je puis.
Enfin si dans ces vers je ne plais et n'instruis,
Il ne tient pas à moi, c'est toujours quelque chose.
Comme la force est un point
Dont je ne me pique point,
Je tâche d'y tourner le vice en ridicule,
Ne pouvant l'attaquer avec des bras d'Hercule.
C'est là tout mon talent ; je ne sais s'il suffit.
Tantôt je peins en un récit
La sotte vanité jointe avecque l'envie,
Deux pivots sur qui roule aujourd'hui notre vie.
Tel est ce chétif animal
Qui voulut en grosseur au bœuf se rendre égal.
J'oppose quelquefois, par une double image,
Le vice à la vertu, la sottise au bon sens,
Les agneaux aux loups ravissants,
La mouche à la fourmi, faisant de cet ouvrage
Une ample comédie à cent actes divers,
Et dont la scène est l'univers.
Hommes, dieux, animaux, tout y fait quelque rôle :
Jupiter comme un autre. Introduisons celui
Qui porte de sa part aux belles la parole :
Ce n'est pas de cela qu'il s'agit aujourd'hui.

Gve Doré
Jonnard

Un bûcheron perdit son gagne-pain,
C'est sa cognée ; et la cherchant en vain,
Ce fut pitié là-dessus de l'entendre.
Il n'avait pas des outils à revendre.
Sur celui-ci roulait tout son avoir.
Ne sachant donc où mettre son espoir,
Sa face était de pleurs toute baignée.
« Ô ma cognée ! ô ma pauvre cognée !
S'écriait-il, Jupiter, rends-la-moi ;
Je tiendrai l'être encore un coup de toi. »
Sa plainte fut de l'Olympe entendue.
Mercure vient. « Elle n'est pas perdue,
Lui dit ce dieu, la connaîtras-tu bien ?
Je crois l'avoir près d'ici rencontrée. »
Lors une d'or à l'homme étant montrée,
Il répondit : « Je n'y demande rien. »
Une d'argent succède à la première,
Il la refuse. Enfin une de bois :
« Voilà, dit-il, la mienne cette fois ;
Je suis content si j'ai cette dernière.
– Tu les auras, dit le dieu, toutes trois.
Ta bonne foi sera récompensée.
– En ce cas-là je les prendrai », dit-il.
L'histoire en est aussitôt dispersée ;
Et boquillons de perdre leur outil,
Et de crier pour se le faire rendre.
Le roi des dieux ne sait auquel entendre.
Son fils Mercure aux criards vient encor,
À chacun d'eux il en montre une d'or.
Chacun eût cru passer pour une bête
De ne pas dire aussitôt : « La voilà ! »
Mercure, au lieu de donner celle-là,
Leur en décharge un grand coup sur la tête.

Ne point mentir, être content du sien,
C'est le plus sûr : cependant on s'occupe
À dire faux pour attraper du bien.
Que sert cela ? Jupiter n'est pas dupe.

Le pot de terre et le pot de fer

Le pot de fer proposa
Au pot de terre un voyage.
Celui-ci s'en excusa,
Disant qu'il ferait que sage
De garder le coin du feu :
Car il lui fallait si peu,
Si peu, que la moindre chose
De son débris serait cause.
Il n'en reviendrait morceau.
« Pour vous, dit-il, dont la peau
Est plus dure que la mienne,
Je ne vois rien qui vous tienne.
– Nous vous mettrons à couvert,
Repartit le pot de fer.
Si quelque matière dure
Vous menace d'aventure,
Entre deux je passerai,
Et du coup vous sauverai. »
Cette offre le persuade.
Pot de fer son camarade
Se met droit à ses côtés.
Mes gens s'en vont à trois pieds,
Clopin-clopant comme ils peuvent,
L'un contre l'autre jetés
Au moindre hoquet qu'ils treuvent.
Le pot de terre en souffre ; il n'eut pas fait cent pas
Que par son compagnon il fut mis en éclats,
Sans qu'il eût lieu de se plaindre.

Ne nous associons qu'avecque nos égaux.
Ou bien il nous faudra craindre
Le destin d'un de ces pots.

Le petit poisson et le pêcheur

Petit poisson deviendra grand
Pourvu que Dieu lui prête vie.
Mais le lâcher en attendant,
Je tiens pour moi que c'est folie;
Car de le rattraper il n'est pas trop certain.

Un carpeau qui n'était encore que fretin
Fut pris par un pêcheur au bord d'une rivière.
« Tout fait nombre, dit l'homme en voyant son butin;
Voilà commencement de chère et de festin :
Mettons-le en notre gibecière. »
Le pauvre carpillon lui dit en sa manière :
« Que ferez-vous de moi ? je ne saurais fournir
Au plus qu'une demi-bouchée;
Laissez-moi carpe devenir :
Je serai par vous repêchée.
Quelque gros partisan m'achètera bien cher,
Au lieu qu'il vous en faut chercher
Peut-être encor cent de ma taille
Pour faire un plat. Quel plat ? croyez-moi, rien qui vaille.
– Rien qui vaille ? Eh bien soit, repartit le pêcheur;
Poisson, mon bel ami, qui faites le prêcheur,
Vous irez dans la poêle; et vous avez beau dire,
Dès ce soir on vous fera frire. »

Un Tiens vaut, ce dit-on, mieux que deux Tu l'auras :
L'un est sûr, l'autre ne l'est pas.

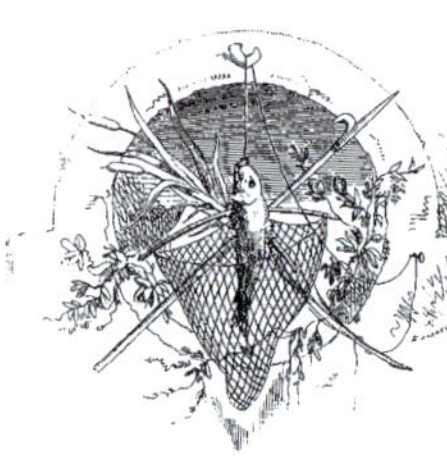

G. Doré

La vieille et les deux servantes

Il était une vieille ayant deux chambrières.
Elles filaient si bien que les sœurs filandières
Ne faisaient que brouiller au prix de celles-ci.
La vieille n'avait point de plus pressant souci
Que de distribuer aux servantes leur tâche.
Dès que Téthys chassait Phébus aux crins dorés
Tourets entraient en jeu, fuseaux étaient tirés ;
Deçà, delà, vous en aurez ;
Point de cesse, point de relâche.
Dès que l'Aurore, dis-je, en son char remontait,
Un misérable coq à point nommé chantait.
Aussitôt notre vieille encor plus misérable
S'affublait d'un jupon crasseux et détestable,
Allumait une lampe, et courait droit au lit
Où de tout leur pouvoir, de tout leur appétit,
Dormaient les deux pauvres servantes.
L'une entr'ouvrait un œil, l'autre étendait un bras ;
Et toutes deux, très malcontentes,
Disaient entre leurs dents : « Maudit coq, tu mourras. »
Comme elles l'avaient dit, la bête fut grippée.
Le réveille-matin eut la gorge coupée.
Ce meurtre n'amenda nullement leur marché.
Notre couple au contraire à peine était couché
Que la vieille, craignant de laisser passer l'heure,
Courait comme un lutin par toute sa demeure.
C'est ainsi que le plus souvent,
Quand on pense sortir d'une mauvaise affaire,
On s'enfonce encor plus avant :
Témoin ce couple et son salaire.
La vieille, au lieu du coq, les fit tomber par là
De Charybde en Scylla.

Le cheval et le loup

Un certain loup, dans la saison
Que les tièdes zéphyrs ont l'herbe rajeunie,
Et que les animaux quittent tous la maison,
Pour s'en aller chercher leur vie ;
Un loup, dis-je, au sortir des rigueurs de l'hiver,
Aperçut un cheval qu'on avait mis au vert.
Je laisse à penser quelle joie !
« Bonne chasse, dit-il, qui l'aurait à son croc.
Eh ! que n'es-tu mouton ? car tu me serais hoc :
Au lieu qu'il faut ruser pour avoir cette proie.
Rusons donc. » Ainsi dit, il vient à pas comptés,
Se dit écolier d'Hippocrate ;
Qu'il connaît les vertus et les propriétés
De tous les simples de ces prés,
Qu'il sait guérir, sans qu'il se flatte,
Toutes sortes de maux. Si Dom Coursier voulait
Ne point celer sa maladie,
Lui loup gratis le guérirait.
Car le voir en cette prairie
Paître ainsi sans être lié
Témoignait quelque mal, selon la médecine.
« J'ai, dit la bête chevaline,
Une apostume sous le pied.
– Mon fils, dit le docteur, il n'est point de partie
Susceptible de tant de maux.
J'ai l'honneur de servir nosseigneurs les Chevaux,
Et fais aussi la chirurgie. »
Mon galant ne songeait qu'à bien prendre son temps,
Afin de happer son malade.
L'autre qui s'en doutait lui lâche une ruade,
Qui vous lui met en marmelade
Les mandibules et les dents.
« C'est bien fait, dit le loup en soi-même fort triste ;
Chacun à son métier doit toujours s'attacher.
Tu veux faire ici l'arboriste,
Et ne fus jamais que boucher. »

Le laboureur et ses enfants

Travaillez, prenez de la peine :
C'est le fonds qui manque le moins.

Un riche laboureur, sentant sa mort prochaine,
Fit venir ses enfants, leur parla sans témoins.
« Gardez-vous, leur dit-il, de vendre l'héritage
Que nous ont laissé nos parents.
Un trésor est caché dedans.
Je ne sais pas l'endroit ; mais un peu de courage
Vous le fera trouver, vous en viendrez à bout.
Remuez votre champ dès qu'on aura fait l'Oût.
Creusez, fouillez, bêchez ; ne laissez nulle place
Où la main ne passe et repasse. »
Le père mort, les fils vous retournent le champ
Deçà, delà, partout ; si bien qu'au bout de l'an
Il en rapporta davantage.
D'argent, point de caché. Mais le père fut sage
De leur montrer avant sa mort
Que le travail est un trésor.

La Fortune et le jeune enfant

Sur le bord d'un puits très profond
Dormait étendu de son long
Un enfant alors dans ses classes.
Tout est aux écoliers couchette et matelas.
Un honnête homme en pareil cas
Aurait fait un saut de vingt brasses.
Près de là tout heureusement
La Fortune passa, l'éveilla doucement,
Lui disant : « Mon mignon, je vous sauve la vie.
Soyez une autre fois plus sage, je vous prie.
Si vous fussiez tombé, l'on s'en fût pris à moi ;
Cependant c'était votre faute.
Je vous demande, en bonne foi,
Si cette imprudence si haute
Provient de mon caprice. » Elle part à ces mots.

Pour moi, j'approuve son propos.
Il n'arrive rien dans le monde
Qu'il ne faille qu'elle en réponde.
Nous la faisons de tous écots.
Elle est prise à garant de toutes aventures.
Est-on sot, étourdi, prend-on mal ses mesures ;
On pense en être quitte en accusant son sort :
Bref la Fortune a toujours tort.

Les médecins

Le médecin Tant-pis allait voir un malade
Que visitait aussi son confrère Tant-mieux ;
Ce dernier espérait, quoique son camarade
Soutînt que le gisant irait voir ses aïeux.
Tous deux s'étant trouvés différents pour la cure,
Leur malade paya le tribut à Nature,
Après qu'en ses conseils Tant-pis eut été cru.
Ils triomphaient encor sur cette maladie.
L'un disait : « Il est mort, je l'avais bien prévu.
– S'il m'eût cru, disait l'autre, il serait plein de vie. »

G. Doré
HUYOT

La poule aux œufs d'or

L'avarice perd tout en voulant tout gagner.
Je ne veux, pour le témoigner,
Que celui dont la poule, à ce que dit la fable,
Pondait tous les jours un œuf d'or.
Il crut que dans son corps elle avait un trésor.
Il la tua, l'ouvrit, et la trouva semblable
À celles dont les œufs ne lui rapportaient rien,
S'étant lui-même ôté le plus beau de son bien.
Belle leçon pour les gens chiches :
Pendant ces derniers temps, combien en a-t-on vus
Qui du soir au matin sont pauvres devenus
Pour vouloir trop tôt être riches ?

GAUCHARD-BRUNIER

L'âne portant des reliques

Un baudet, chargé de reliques,
S'imagina qu'on l'adorait.
Dans ce penser il se carrait,
Recevant comme siens l'encens et les cantiques.
Quelqu'un vit l'erreur, et lui dit :
« Maître Baudet, ôtez-vous de l'esprit
Une vanité si folle.
Ce n'est pas vous, c'est l'idole
À qui cet honneur se rend,
Et que la gloire en est due. »

D'un magistrat ignorant
C'est la robe qu'on salue.

Le cerf et la vigne

Un cerf, à la faveur d'une vigne fort haute
Et telle qu'on en voit en de certains climats,
S'étant mis à couvert et sauvé du trépas,
Les veneurs pour ce coup croyaient leurs chiens en faute.
Ils les rappellent donc. Le cerf hors de danger
Broute sa bienfaitrice, ingratitude extrême !
On l'entend, on retourne, on le fait déloger,
Il vient mourir en ce lieu même.
« J'ai mérité, dit-il, ce juste châtiment :
Profitez-en, ingrats. » Il tombe en ce moment.
La meute en fait curée. Il lui fut inutile
De pleurer aux veneurs à sa mort arrivés.

Vraie image de ceux qui profanent l'asile
Qui les a conservés.

L'aigle et le hibou

L'aigle et le chat-huant leurs querelles cessèrent,
Et firent tant qu'ils s'embrassèrent.
L'un jura foi de roi, l'autre foi de hibou,
Qu'ils ne se goberaient leurs petits peu ni prou.
« Connaissez-vous les miens ? dit l'oiseau de Minerve.
– Non, dit l'aigle. – Tant pis, reprit le triste oiseau.
Je crains en ce cas pour leur peau :
C'est hasard si je les conserve.
Comme vous êtes roi, vous ne considérez
Qui ni quoi : rois et dieux mettent, quoi qu'on leur die,
Tout en même catégorie.
Adieu mes nourrissons si vous les rencontrez.
– Peignez-les-moi, dit l'aigle, ou bien me les montrez.
Je n'y toucherai de ma vie. »
Le hibou repartit : « Mes petits sont mignons,
Beaux, bien faits, et jolis sur tous leurs compagnons.
Vous les reconnaîtrez sans peine à cette marque.
N'allez pas l'oublier ; retenez-la si bien
Que chez moi la maudite Parque
N'entre point par votre moyen. »
Il avint qu'au hibou Dieu donna géniture,
De façon qu'un beau soir qu'il était en pâture,
Notre aigle aperçut d'aventure,
Dans les coins d'une roche dure,
Ou dans les trous d'une masure
(Je ne sais pas lequel des deux),
De petits monstres fort hideux,
Rechignés, un air triste, une voix de Mégère.
« Ces enfants ne sont pas, dit l'aigle, à notre ami.
Croquons-les. » Le galant n'en fit pas à demi.
Ses repas ne sont point repas à la légère.
Le hibou, de retour, ne trouve que les pieds
De ses chers nourrissons, hélas ! pour toute chose.
Il se plaint, et les dieux sont par lui suppliés
De punir le brigand qui de son deuil est cause.
Quelqu'un lui dit alors : « N'en accuse que toi
Ou plutôt la commune loi
Qui veut qu'on trouve son semblable
Beau, bien fait, et sur tous aimable.
Tu fis de tes enfants à l'aigle ce portrait ;
En avaient-ils le moindre trait ? »

L'ours et les deux compagnons

Deux compagnons pressés d'argent
À leur voisin fourreur vendirent
La peau d'un ours encor vivant,
Mais qu'ils tueraient bientôt, du moins à ce qu'ils dirent.
C'était le roi des ours au compte de ces gens.
Le marchand à sa peau devait faire fortune.
Elle garantirait des froids les plus cuisants.
On en pourrait fourrer plutôt deux robes qu'une.
Dindenaut prisait moins ses moutons qu'eux leur ours :
Leur, à leur compte, et non à celui de la bête.
S'offrant de la livrer au plus tard dans deux jours,
Ils conviennent de prix, et se mettent en quête,
Trouvent l'ours qui s'avance, et vient vers eux au trot.
Voilà mes gens frappés comme d'un coup de foudre.
Le marché ne tint pas ; il fallut le résoudre :
D'intérêts contre l'ours, on n'en dit pas un mot.
L'un des deux compagnons grimpe au faîte d'un arbre ;
L'autre, plus froid que n'est un marbre,
Se couche sur le nez, fait le mort, tient son vent,
Ayant quelque part ouï dire
Que l'ours s'acharne peu souvent
Sur un corps qui ne vit, ne meut, ni ne respire.
Seigneur Ours, comme un sot, donna dans ce panneau.
Il voit ce corps gisant, le croit privé de vie,
Et de peur de supercherie
Le tourne, le retourne, approche son museau,
Flaire aux passages de l'haleine.
« C'est, dit-il, un cadavre ; ôtons-nous, car il sent. »
À ces mots, l'ours s'en va dans la forêt prochaine.
L'un de nos deux marchands de son arbre descend,
Court à son compagnon, lui dit que c'est merveille
Qu'il n'ait eu seulement que la peur pour tout mal.
« Eh bien, ajouta-t-il, la peau de l'animal ?
Mais que t'a-t-il dit à l'oreille ?
Car il s'approchait de bien près,
Te retournant avec sa serre.
– Il m'a dit qu'il ne faut jamais
Vendre la peau de l'ours qu'on ne l'ait mis par terre. »

H. PISAN.

Livre sixième

Le cochet, le chat et le souriceau
Le cerf se voyant dans l'eau
Le lièvre et la tortue
Le villageois et le serpent
Le lion malade et le renard
Le chartier embourbé
La jeune veuve

Le cochet, le chat et le souriceau

Un souriceau tout jeune, et qui n'avait rien vu,
Fut presque pris au dépourvu.
Voici comme il conta l'aventure à sa mère :
« J'avais franchi les monts qui bornent cet État,
Et trottais comme un jeune rat
Qui cherche à se donner carrière,
Lorsque deux animaux m'ont arrêté les yeux :
L'un doux, bénin et gracieux,
Et l'autre turbulent, et plein d'inquiétude.
Il a la voix perçante et rude,
Sur la tête un morceau de chair,
Une sorte de bras dont il s'élève en l'air,
Comme pour prendre sa volée,
La queue en panache étalée. »
Or c'était un cochet dont notre souriceau
Fit à sa mère le tableau,
Comme d'un animal venu de l'Amérique.
« Il se battait, dit-il, les flancs avec ses bras,
Faisant tel bruit et tel fracas,
Que moi, qui grâce aux dieux de courage me pique,
En ai pris la fuite de peur,
Le maudissant de très bon cœur.
Sans lui j'aurais fait connaissance
Avec cet animal qui m'a semblé si doux.
Il est velouté comme nous,
Marqueté, longue queue, une humble contenance,
Un modeste regard, et pourtant l'œil luisant.
Je le crois fort sympathisant
Avec messieurs les Rats ; car il a des oreilles
En figure aux nôtres pareilles.
Je l'allais aborder, quand d'un son plein d'éclat
L'autre m'a fait prendre la fuite.
– Mon fils, dit la souris, ce doucet est un chat,
Qui sous son minois hypocrite
Contre toute ta parenté
D'un malin vouloir est porté.
L'autre animal tout au contraire
Bien éloigné de nous mal faire,
Servira quelque jour peut-être à nos repas.
Quant au chat, c'est sur nous qu'il fonde sa cuisine.

Garde-toi, tant que tu vivras,
De juger des gens sur la mine. »

Le cerf se voyant dans l'eau

Dans le cristal d'une fontaine
Un cerf se mirant autrefois
Louait la beauté de son bois,
Et ne pouvait qu'avecque peine
Souffrir ses jambes de fuseaux,
Dont il voyait l'objet se perdre dans les eaux.
« Quelle proportion de mes pieds à ma tête!
Disait-il en voyant leur ombre avec douleur :
Des taillis les plus hauts mon front atteint le faîte;
Mes pieds ne me font point d'honneur. »
Tout en parlant de la sorte,
Un limier le fait partir.
Il tâche à se garantir;
Dans les forêts il s'emporte.
Son bois, dommageable ornement,
L'arrêtant à chaque moment,
Nuit à l'office que lui rendent
Ses pieds, de qui ses jours dépendent.
Il se dédit alors, et maudit les présents
Que le Ciel lui fait tous les ans.

Nous faisons cas du beau, nous méprisons l'utile;
Et le beau souvent nous détruit.
Ce cerf blâme ses pieds qui le rendent agile;
Il estime un bois qui lui nuit.

G. Doré
A. SARGENT

Le lièvre et la tortue

Rien ne sert de courir ; il faut partir à point.
Le lièvre et la tortue en sont un témoignage.
« Gageons, dit celle-ci, que vous n'atteindrez point
Sitôt que moi ce but. – Sitôt ? Êtes-vous sage ?
Repartit l'animal léger.
Ma commère, il vous faut purger
Avec quatre grains d'ellébore.
– Sage ou non, je parie encore. »
Ainsi fut fait : et de tous deux
On mit près du but les enjeux :
Savoir quoi, ce n'est pas l'affaire,
Ni de quel juge l'on convint.
Notre lièvre n'avait que quatre pas à faire ;
J'entends de ceux qu'il fait lorsque prêt d'être atteint
Il s'éloigne des chiens, les renvoie aux calendes,
Et leur fait arpenter les landes.
Ayant, dis-je, du temps de reste pour brouter,
Pour dormir, et pour écouter
D'où vient le vent, il laisse la tortue
Aller son train de sénateur.
Elle part, elle s'évertue ;
Elle se hâte avec lenteur.
Lui cependant méprise une telle victoire,
Tient la gageure à peu de gloire,
Croit qu'il y va de son honneur
De partir tard. Il broute, il se repose,
Il s'amuse à toute autre chose
Qu'à la gageure. À la fin quand il vit
Que l'autre touchait presque au bout de la carrière,
Il partit comme un trait ; mais les élans qu'il fit
Furent vains : la tortue arriva la première.
« Eh bien ! lui cria-t-elle, avais-je pas raison ?
De quoi vous sert votre vitesse ?
Moi, l'emporter ! et que serait-ce
Si vous portiez une maison ? »

Le villageois et le serpent

Ésope conte qu'un manant,
Charitable autant que peu sage,
Un jour d'hiver se promenant
À l'entour de son héritage,
Aperçut un serpent sur la neige étendu,
Transi, gelé, perclus, immobile rendu,
N'ayant pas à vivre un quart d'heure.
Le villageois le prend, l'emporte en sa demeure,
Et sans considérer quel sera le loyer
D'une action de ce mérite,
Il l'étend le long du foyer,
Le réchauffe, le ressuscite.
L'animal engourdi sent à peine le chaud,
Que l'âme lui revient avecque la colère.
Il lève un peu la tête, et puis siffle aussitôt,
Puis fait un long repli, puis tâche à faire un saut
Contre son bienfaiteur, son sauveur et son père.
« Ingrat, dit le manant, voilà donc mon salaire ?
Tu mourras. » À ces mots, plein d'un juste courroux,
Il vous prend sa cognée, il vous tranche la bête,
Il fait trois serpents de deux coups,
Un tronçon, la queue, et la tête.
L'insecte, sautillant, cherche à se réunir,
Mais il ne put y parvenir.
Il est bon d'être charitable ;
Mais envers qui ? c'est là le point.
Quant aux ingrats, il n'en est point
Qui ne meure enfin misérable.

Gve Doré
GAUCHARD-BRUNIER SC

Le lion malade et le renard

De par le roi des animaux,
Qui dans son antre était malade,
Fut fait savoir à ses vassaux
Que chaque espèce en ambassade
Envoyât gens le visiter,
Sous promesse de bien traiter
Les députés, eux et leur suite,
Foi de lion très bien écrite :
Bon passeport contre la dent,
Contre la griffe tout autant.
L'édit du prince s'exécute :
De chaque espèce on lui députe.
Les renards gardant la maison,
Un d'eux en dit cette raison :
« Les pas empreints sur la poussière
Par ceux qui s'en vont faire au malade leur cour,
Tous, sans exception, regardent sa tanière ;
Pas un ne marque de retour :
Cela nous met en méfiance.
Que Sa Majesté nous dispense :
Grand merci de son passeport.
Je le crois bon ; mais dans cet antre
Je vois fort bien comme l'on entre,
Et ne vois pas comme on en sort. »

H. PISAN

Le chartier embourbé

Le Phaéton d'une voiture à foin
Vit son char embourbé. Le pauvre homme était loin
De tout humain secours. C'était à la campagne
Près d'un certain canton de la basse Bretagne
Appelé Quimper-Corentin.
On sait assez que le Destin
Adresse là les gens quand il veut qu'on enrage.
Dieu nous préserve du voyage !
Pour venir au chartier embourbé dans ces lieux,
Le voilà qui déteste et jure de son mieux,
Pestant en sa fureur extrême
Tantôt contre les trous, puis contre ses chevaux,
Contre son char, contre lui-même.
Il invoque à la fin le dieu dont les travaux
Sont si célèbres dans le monde :
« Hercule, lui dit-il, aide-moi ; si ton dos
A porté la machine ronde,
Ton bras peut me tirer d'ici. »
Sa prière étant faite, il entend dans la nue
Une voix qui lui parle ainsi :
« Hercule veut qu'on se remue,
Puis il aide les gens. Regarde d'où provient
L'achoppement qui te retient.
Ôte d'autour de chaque roue
Ce malheureux mortier, cette maudite boue
Qui jusqu'à l'essieu les enduit.
Prends ton pic et me romps ce caillou qui te nuit.
Comble-moi cette ornière. As-tu fait ? – Oui, dit l'homme,
– Or bien je vas t'aider, dit la voix : prends ton fouet.
– Je l'ai pris. Qu'est ceci ? mon char marche à souhait.
Hercule en soit loué. » Lors la voix : « Tu vois comme
Tes chevaux aisément se sont tirés de là.

Aide-toi, le Ciel t'aidera. »

G. Doré
Jonnard.

La jeune veuve

La perte d'un époux ne va point sans soupirs.
On fait beaucoup de bruit, et puis on se console.
Sur les ailes du Temps la tristesse s'envole;
Le Temps ramène les plaisirs.
Entre la veuve d'une année
Et la veuve d'une journée
La différence est grande : on ne croirait jamais
Que ce fût la même personne.
L'une fait fuir les gens, et l'autre a mille attraits.
Aux soupirs vrais ou faux celle-là s'abandonne;
C'est toujours même note et pareil entretien :
On dit qu'on est inconsolable;
On le dit, mais il n'en est rien,
Comme on verra par cette fable,
Ou plutôt par la vérité.

L'époux d'une jeune beauté
Partait pour l'autre monde. À ses côtés sa femme
Lui criait : « Attends-moi, je te suis; et mon âme,
Aussi bien que la tienne, est prête à s'envoler. »
Le mari fait seul le voyage.
La belle avait un père, homme prudent et sage :
Il laissa le torrent couler.
À la fin, pour la consoler,
« Ma fille, lui dit-il, c'est trop verser de larmes :
Qu'a besoin le défunt que vous noyiez vos charmes?
Puisqu'il est des vivants, ne songez plus aux morts.
Je ne dis pas que tout à l'heure
Une condition meilleure
Change en des noces ces transports;
Mais, après certain temps, souffrez qu'on vous propose
Un époux beau, bien fait, jeune, et tout autre chose
Que le défunt. – Ah! dit-elle aussitôt,
Un cloître est l'époux qu'il me faut. »
Le père lui laissa digérer sa disgrâce.
Un mois de la sorte se passe.
L'autre mois on l'emploie à changer tous les jours
Quelque chose à l'habit, au linge, à la coiffure.
Le deuil enfin sert de parure,
En attendant d'autres atours.
Toute la bande des Amours
Revient au colombier : les jeux, les ris, la danse,
Ont aussi leur tour à la fin.
On se plonge soir et matin
Dans la fontaine de Jouvence.
Le père ne craint plus ce défunt tant chéri;
Mais comment il ne parlait de rien à notre belle :
« Où donc est le jeune mari
Que vous m'avez promis? » dit-elle.

G. Doré
PANNEMAKER-DOMS Sc

Doré

Livre septième

Les animaux malades de la peste

Un mal qui répand la terreur,
Mal que le Ciel en sa fureur
Inventa pour punir les crimes de la terre,
La peste (puisqu'il faut l'appeler par son nom),
Capable d'enrichir en un jour l'Achéron,
Faisait aux animaux la guerre.
Ils ne mouraient pas tous, mais tous étaient frappés :
On n'en voyait point d'occupés
À chercher le soutien d'une mourante vie ;
Nul mets n'excitait leur envie ;
Ni loups ni renards n'épiaient
La douce et l'innocente proie.
Les tourterelles se fuyaient :
Plus d'amour, partant plus de joie.
Le lion tint conseil, et dit : « Mes chers amis,
Je crois que le Ciel a permis
Pour nos péchés cette infortune ;
Que le plus coupable de nous
Se sacrifie aux traits du céleste courroux,
Peut-être il obtiendra la guérison commune.
L'histoire nous apprend qu'en de tels accidents
On fait de pareils dévouements :
Ne nous flattons donc point ; voyons sans indulgence
L'état de notre conscience.
Pour moi, satisfaisant mes appétits gloutons
J'ai dévoré force moutons.
Que m'avaient-ils fait ? Nulle offense :
Même il m'est arrivé quelquefois de manger
Le berger.
Je me dévouerai donc, s'il le faut ; mais je pense
Qu'il est bon que chacun s'accuse ainsi que moi :
Car on doit souhaiter selon toute justice
Que le plus coupable périsse.
– Sire, dit le renard, vous êtes trop bon roi ; ▹

Vos scrupules font voir trop de délicatesse.
Eh bien! manger moutons, canaille, sotte espèce,
Est-ce un péché? Non, non. Vous leur fîtes, Seigneur,
En les croquant beaucoup d'honneur.
Et quant au berger l'on peut dire
Qu'il était digne de tous maux,
Étant de ces gens-là qui sur les animaux
Se font un chimérique empire. »
Ainsi dit le renard, et flatteurs d'applaudir.
On n'osa trop approfondir
Du tigre, ni de l'ours, ni des autres puissances,
Les moins pardonnables offenses.
Tous les gens querelleurs, jusqu'aux simples mâtins,
Au dire de chacun, étaient de petits saints.
L'âne vint à son tour, et dit : « J'ai souvenance
Qu'en un pré de moines passant,
La faim, l'occasion, l'herbe tendre, et je pense
Quelque diable aussi me poussant,
Je tondis de ce pré la largeur de ma langue.
Je n'en avais nul droit, puisqu'il faut parler net. »
À ces mots on cria haro sur le baudet.
Un loup quelque peu clerc prouva par sa harangue
Qu'il fallait dévouer ce maudit animal,
Ce pelé, ce galeux, d'où venait tout le mal.
Sa peccadille fut jugée un cas pendable.
Manger l'herbe d'autrui! quel crime abominable!
Rien que la mort n'était capable
D'expier son forfait : on le lui fit bien voir.
Selon que vous serez puissant ou misérable,
Les jugements de cour vous rendront blanc ou noir.

Le héron

Un jour, sur ses longs pieds, allait je ne sais où
Le héron au long bec emmanché d'un long cou :
Il côtoyait une rivière.
L'onde était transparente ainsi qu'aux plus beaux jours ;
Ma commère la carpe y faisait mille tours
Avec le brochet son compère.
Le héron en eût fait aisément son profit :
Tous approchaient du bord, l'oiseau n'avait qu'à prendre ;
Mais il crut mieux faire d'attendre
Qu'il eût un peu plus d'appétit :
Il vivait de régime, et mangeait à ses heures.
Après quelques moments l'appétit vint : l'oiseau
S'approchant du bord vit sur l'eau
Des tanches qui sortaient du fond de ces demeures.
Le mets ne lui plut pas ; il s'attendait à mieux,
Et montrait un goût dédaigneux
Comme le rat du bon Horace.
« Moi des tanches ? dit-il, moi héron que je fasse
Une si pauvre chère ? Et pour qui me prend-on ? »
La tanche rebutée il trouva du goujon.
« Du goujon ! c'est bien là le dîner d'un héron !
J'ouvrirais pour si peu le bec ! aux dieux ne plaise ! »
Il l'ouvrit pour bien moins : tout alla de façon
Qu'il ne vit plus aucun poisson.
La faim le prit, il fut tout heureux et tout aise
De rencontrer un limaçon.
Ne soyons pas si difficiles :
Les plus accommodants, ce sont les plus habiles :
On hasarde de perdre en voulant trop gagner.
Gardez-vous de rien dédaigner,
Surtout quand vous avez à peu près votre compte.
Bien des gens y sont pris. Ce n'est pas aux hérons
Que je parle. Écoutez, humains, un autre conte.
Vous verrez que chez vous j'ai puisé ces leçons.

La fille

Certaine fille un peu trop fière
Prétendait trouver un mari
Jeune, bien fait et beau, d'agréable manière,
Point froid et point jaloux : notez ces deux points-ci.
Cette fille voulait aussi
Qu'il eût du bien, de la naissance,
De l'esprit, enfin tout. Mais qui peut tout avoir ?
Le destin se montra soigneux de la pourvoir :
Il vint des partis d'importance.
La belle les trouva trop chétifs de moitié.
« Quoi, moi ? quoi, ces gens-là ? l'on radote, je pense.
À moi les proposer ! hélas, ils font pitié :
Voyez un peu la belle espèce ! »
L'un n'avait en l'esprit nulle délicatesse ;
L'autre avait le nez fait de cette façon-là ;
C'était ceci, c'était cela,
C'était tout ; car les précieuses
Font dessus tout les dédaigneuses.
Après les bons partis, les médiocres gens
Vinrent se mettre sur les rangs.
Elle de se moquer. « Ah ! vraiment, je suis bonne
De leur ouvrir la porte ! ils pensent que je suis
Fort en peine de ma personne.
Grâce à Dieu, je passe les nuits
Sans chagrin, quoique en solitude. »
La belle se sut gré de tous ces sentiments.
L'âge la fit déchoir : adieu tous les amants.
Un an se passe et deux avec inquiétude.
Le chagrin vient ensuite : elle sent chaque jour
Déloger quelques Ris, quelques Jeux, puis l'Amour ;
Puis ses traits choquer et déplaire ;
Puis cent sortes de fards. Ses soins ne purent faire
Qu'elle échappât au Temps, cet insigne larron :
Les ruines d'une maison
Se peuvent réparer ; que n'est cet avantage
Pour les ruines du visage !
Sa préciosité changea lors de langage.
Son miroir lui disait : « Prenez vite un mari. »
Je ne sais quel désir le lui disait aussi ;
Le désir peut loger chez une précieuse.
Celle-ci fit un choix qu'on n'aurait jamais cru,
Se trouvant à la fin tout aise et tout heureuse
De rencontrer un malotru.

G. Doré
J. HUYOT.

Les vautours et les pigeons

Mars autrefois mit tout l'air en émute.
Certain sujet fit naître la dispute
Chez les oiseaux ; non ceux que le Printemps
Mène à sa cour, et qui, sous la feuillée,
Par leur exemple et leurs sons éclatants
Font que Vénus est en nous réveillée ;
Ni ceux encor que la mère d'Amour
Met à son char : mais le peuple vautour,
Au bec retors, à la tranchante serre,
Pour un chien mort se fit, dit-on, la guerre.
Il plut du sang : je n'exagère point.
Si je voulais conter de point en point
Tout le détail, je manquerais d'haleine.
Maint chef périt, maint héros expira ;
Et sur son roc Prométhée espéra
De voir bientôt une fin à sa peine.
C'était plaisir d'observer leurs efforts ;
C'était pitié de voir tomber les morts.
Valeur, adresse, et ruses, et surprises,
Tout s'employa. Les deux troupes, éprises
D'ardent courroux, n'épargnaient nuls moyens
De peupler l'air que respirent les ombres :
Tout élément remplit de citoyens
Le vaste enclos qu'ont les royaumes sombres.
Cette fureur mit la compassion
Dans les esprits d'une autre nation
Au col changeant, au cœur tendre et fidèle.
Elle employa sa médiation
Pour accorder une telle querelle :
Ambassadeurs par le peuple pigeon
Furent choisis, et si bien travaillèrent,
Que les vautours plus ne se chamaillèrent.
Ils firent trêve, et la paix s'ensuivit.
Hélas ! ce fut aux dépens de la race
À qui la leur aurait dû rendre grâce.
La gent maudite aussitôt poursuivit
Tous les pigeons, en fit ample carnage,
En dépeupla les bourgades, les champs.
Peu de prudence eurent les pauvres gens,
D'accommoder un peuple si sauvage.

Tenez toujours divisés les méchants :
La sûreté du reste de la terre
Dépend de là. Semez entre eux la guerre,
Ou vous n'aurez avec eux nulle paix.
Ceci soit dit en passant : je me tais.

PANNEMAKER – DOMS Sc.

La laitière et le pot au lait

Perrette sur sa tête ayant un pot au lait
Bien posé sur un coussinet,
Prétendait arriver sans encombre à la ville.
Légère et court vêtue, elle allait à grands pas,
Ayant mis ce jour-là, pour être plus agile,
Cotillon simple, et souliers plats.
Notre laitière ainsi troussée
Comptait déjà dans sa pensée
Tout le prix de son lait, en employait l'argent,
Achetait un cent d'œufs, faisait triple couvée ;
La chose allait à bien par son soin diligent.
« Il m'est, disait-elle, facile
D'élever des poulets autour de ma maison :
Le renard sera bien habile,
S'il ne m'en laisse assez pour avoir un cochon.
Le porc à s'engraisser coûtera peu de son ;
Il était quand je l'eus de grosseur raisonnable :
J'aurai le revendant de l'argent bel et bon.
Et qui m'empêchera de mettre en notre étable,
Vu le prix dont il est, une vache et son veau,
Que je verrai sauter au milieu du troupeau ? »
Perrette là-dessus saute aussi, transportée.
Le lait tombe ; adieu veau, vache, cochon, couvée ;
La dame de ces biens, quittant d'un œil marri
Sa fortune ainsi répandue,
Va s'excuser à son mari,
En grand danger d'être battue.
Le récit en farce en fut fait ;
On l'appela *Le pot au lait*.

Quel esprit ne bat la campagne ?
Qui ne fait châteaux en Espagne ?
Picrochole, Pyrrhus, la laitière, enfin tous,
Autant les sages que les fous,
Chacun songe en veillant : il n'est rien de plus doux ;
Une flatteuse erreur emporte alors nos âmes :
Tout le bien du monde est à nous,
Tous les honneurs, toutes les femmes.
Quand je suis seul, je fais au plus brave un défi ;
Je m'écarte, je vais détrôner le Sophi ;
On m'élit roi, mon peuple m'aime ;
Les diadèmes vont sur ma tête pleuvant :
Quelque accident fait-il que je rentre en moi-même,
Je suis Gros-Jean comme devant.

Les deux coqs

Deux coqs vivaient en paix : une poule survint,
Et voilà la guerre allumée.
Amour, tu perdis Troie ! et c'est de toi que vint
Cette querelle envenimée
Où du sang des dieux même on vit le Xanthe teint.
Longtemps entre nos coqs le combat se maintint :
Le bruit s'en répandit par tout le voisinage.
La gent qui porte crête au spectacle accourut :
Plus d'une Hélène au beau plumage
Fut le prix du vainqueur. Le vaincu disparut :
Il alla se cacher au fond de sa retraite,
Pleura sa gloire et ses amours,
Ses amours qu'un rival tout fier de sa défaite
Possédait à ses yeux. Il voyait tous les jours
Cet objet rallumer sa haine et son courage.
Il aiguisait son bec, battait l'air et ses flancs,
Et s'exerçant contre les vents
S'armait d'une jalouse rage.
Il n'en eut pas besoin. Son vainqueur sur les toits
S'alla percher, et chanter sa victoire.
Un vautour entendit sa voix :
Adieu les amours et la gloire.
Tout cet orgueil périt sous l'ongle du vautour.
Enfin par un fatal retour
Son rival autour de la poule
S'en revint faire le coquet :
Je laisse à penser quel caquet,
Car il eut des femmes en foule.

La Fortune se plaît à faire de ces coups ;
Tout vainqueur insolent à sa perte travaille.
Défions-nous du Sort, et prenons garde à nous
Après le gain d'une bataille.

Les devineresses

C'est souvent du hasard que naît l'opinion;
Et c'est l'opinion qui fait toujours la vogue.
Je pourrais fonder ce prologue
Sur gens de tous états : tout est prévention,
Cabale, entêtement, point ou peu de justice :
C'est un torrent : qu'y faire? Il faut qu'il ait son cours.
Cela fut et sera toujours.

Une femme à Paris faisait la pythonisse :
On l'allait consulter sur chaque événement;
Perdait-on un chiffon, avait-on un amant,
Un mari vivant trop, au gré de son épouse,
Une mère fâcheuse, une femme jalouse;
Chez la devineuse on courait,
Pour se faire annoncer ce que l'on désirait.
Son fait consistait en adresse.
Quelques termes de l'art, beaucoup de hardiesse,
Du hasard quelquefois, tout cela concourait,
Tout cela bien souvent faisait crier miracle.
Enfin, quoique ignorante à vingt et trois carats,
Elle passait pour un oracle.
L'oracle était logé dedans un galetas :
Là cette femme emplit sa bourse,
Et sans avoir d'autre ressource,
Gagne de quoi donner un rang à son mari;
Elle achète un office, une maison aussi.
Voilà le galetas rempli
D'une nouvelle hôtesse, à qui toute la ville,
Femmes, filles, valets, gros messieurs, tout enfin,
Allait comme autrefois demander son destin :
Le galetas devint l'antre de la Sibylle.
L'autre femelle avait achalandé ce lieu.
Cette dernière femme eut beau faire, eut beau dire,
Moi devine! on se moque : « Eh! messieurs, sais-je lire?
Je n'ai jamais appris que ma croix de par Dieu. »
Point de raison : fallut deviner et prédire,
Mettre à part force bons ducats,
Et gagner malgré soi plus que deux avocats.
Le meuble et l'équipage aidaient fort à la chose :
Quatre sièges boiteux, un manche de balai,
Tout sentait son sabbat et sa métamorphose :
Quand cette femme aurait dit vrai
Dans une chambre tapissée,
On s'en serait moqué : la vogue était passée
Au galetas. Il avait le crédit :
L'autre femme se morfondit.

L'enseigne fait la chalandise.
J'ai vu dans le palais une robe mal mise
Gagner gros : les gens l'avaient prise
Pour maître tel, qui traînait après soi
Force écoutants. Demandez-moi pourquoi.

PANNEMAKER - DOMS

Un animal dans la lune

Pendant qu'un philosophe assure
Que toujours par leurs sens les hommes sont dupés,
Un autre philosophe jure,
Qu'ils ne nous ont jamais trompés.
Tous les deux ont raison, et la philosophie
Dit vrai, quand elle dit que les sens tromperont
Tant que sur leur rapport les hommes jugeront ;
Mais aussi si l'on rectifie
L'image de l'objet sur son éloignement,
Sur le milieu qui l'environne,
Sur l'organe et sur l'instrument,
Les sens ne tromperont personne.
La Nature ordonna ces choses sagement :
J'en dirai quelque jour les raisons amplement.
J'aperçois le soleil ; quelle en est la figure ?
Ici-bas ce grand corps n'a que trois pieds de tour :
Mais si je le voyais là-haut dans son séjour,
Que serait-ce à mes yeux que l'œil de la nature ?
Sa distance me fait juger de sa grandeur ;
Sur l'angle et les côtés ma main la détermine.
L'ignorant le croit plat, j'épaissis sa rondeur ;
Je le rends immobile, et la terre chemine.
Bref je démens mes yeux en toute sa machine.
Ce sens ne me nuit point par son illusion.
Mon âme en toute occasion
Développe le vrai caché sous l'apparence.
Je ne suis point d'intelligence
Avecque mes regards peut-être un peu trop prompts,
Ni mon oreille lente à m'apporter les sons.
Quand l'eau courbe un bâton, ma raison le redresse :
La raison décide en maîtresse.
Mes yeux, moyennant ce secours,
Ne me trompent jamais, en me mentant toujours.
Si je crois leur rapport, erreur assez commune,

Jonnard

Une tête de femme est au corps de la lune.
Y peut-elle être ? Non. D'où vient donc cet objet ?
Quelques lieux inégaux font de loin cet effet.
La lune nulle part n'a sa surface unie :
Montueuse en des lieux, en d'autres aplanie,
L'ombre avec la lumière y peut tracer souvent
        Un homme, un bœuf, un éléphant.
Naguère l'Angleterre y vit chose pareille.
La lunette placée, un animal nouveau
        Parut dans cet astre si beau,
        Et chacun de crier merveille :
Il était arrivé là-haut un changement
Qui présageait sans doute un grand événement.
Savait-on si la guerre entre tant de puissances
N'en était point l'effet ? Le monarque accourut :
Il favorise en roi ces hautes connaissances.
Le monstre dans la lune à son tour lui parut.
C'était une souris cachée entre les verres :
Dans la lunette était la source de ces guerres.
On en rit. Peuple heureux, quand pourront les François
Se donner, comme vous, entiers à ces emplois ?
Mars nous fait recueillir d'amples moissons de gloire :
C'est à nos ennemis de craindre les combats,
À nous de les chercher, certains que la victoire,
Amante de Louis, suivra partout ses pas.
Ses lauriers nous rendront célèbres dans l'Histoire.
        Même les filles de Mémoire
Ne nous ont point quittés ; nous goûtons des plaisirs :
La paix fait nos souhaits et non point nos soupirs.
Charles en sait jouir : il saurait dans la guerre
Signaler sa valeur, et mener l'Angleterre
À ces jeux qu'en repos elle voit aujourd'hui.
Cependant s'il pouvait apaiser la querelle,
Que d'encens ! Est-il rien de plus digne de lui ?
La carrière d'Auguste a-t-elle été moins belle
Que les fameux exploits du premier des Césars ?
Ô peuple trop heureux, quand la paix viendra-t-elle
Nous rendre comme vous tout entiers aux beaux-arts ?

Livre huitième

Le savetier et le financier

Un savetier chantait du matin jusqu'au soir :
C'était merveilles de le voir,
Merveilles de l'ouïr ; il faisait des passages,
Plus content qu'aucun des Sept Sages.
Son voisin au contraire, étant tout cousu d'or,
Chantait peu, dormait moins encor.
C'était un homme de finance.
Si sur le point du jour parfois il sommeillait,
Le savetier alors en chantant l'éveillait,
Et le financier se plaignait
Que les soins de la Providence
N'eussent pas au marché fait vendre le dormir,
Comme le manger et le boire.
En son hôtel il fait venir
Le chanteur, et lui dit : « Or çà, sire Grégoire,
Que gagnez-vous par an ? – Par an ? Ma foi, monsieur,
Dit avec un ton de rieur
Le gaillard savetier, ce n'est point ma manière
De compter de la sorte ; et je n'entasse guère
Un jour sur l'autre : il suffit qu'à la fin
J'attrape le bout de l'année :
Chaque jour amène son pain.
– Eh bien que gagnez-vous, dites-moi, par journée ?
– Tantôt plus, tantôt moins : le mal est que toujours,
(Et sans cela nos gains seraient assez honnêtes),
Le mal est que dans l'an s'entremêlent des jours
Qu'il faut chômer ; on nous ruine en fêtes.
L'une fait tort à l'autre ; et monsieur le curé
De quelque nouveau saint charge toujours son prône. »
Le financier riant de sa naïveté
Lui dit : « Je vous veux mettre aujourd'hui sur le trône.
Prenez ces cent écus : gardez-les avec soin,
Pour vous en servir au besoin. »
Le savetier crut voir tout l'argent que la terre
Avait depuis plus de cent ans
Produit pour l'usage des gens.
Il retourne chez lui : dans sa cave il enserre
L'argent et sa joie à la fois.
Plus de chant ; il perdit la voix
Du moment qu'il gagna ce qui cause nos peines.
Le sommeil quitta son logis ;
Il eut pour hôte les soucis,
Les soupçons, les alarmes vaines.
Tout le jour il avait l'œil au guet ; et la nuit,
Si quelque chat faisait du bruit,
Le chat prenait l'argent. À la fin le pauvre homme
S'en courut chez celui qu'il ne réveillait plus :
« Rendez-moi, lui dit-il, mes chansons et mon somme,
Et reprenez vos cent écus. »

J. Huyot

Le lion, le loup et le renard

Un lion décrépit, goutteux, n'en pouvant plus,
Voulait que l'on trouvât remède à la vieillesse :
Alléguer l'impossible aux rois, c'est un abus.
Celui-ci parmi chaque espèce
Manda des médecins ; il en est de tous arts.
Médecins au lion viennent de toutes parts ;
De tous côtés lui vient des donneurs de recettes.
Dans les visites qui sont faites,
Le renard se dispense, et se tient clos et coi.
Le loup en fait sa cour, daube au coucher du roi
Son camarade absent. Le prince tout à l'heure
Veut qu'on aille enfumer renard dans sa demeure,
Qu'on le fasse venir. Il vient, est présenté ;
Et, sachant que le loup lui faisait cette affaire :
« Je crains, sire, dit-il, qu'un rapport peu sincère,
Ne m'ait à mépris imputé
D'avoir différé cet hommage ;
Mais j'étais en pèlerinage ;
Et m'acquittais d'un vœu fait pour votre santé.
Même j'ai vu dans mon voyage
Gens experts et savants ; leur ai dit la langueur
Dont Votre Majesté craint à bon droit la suite.
Vous ne manquez que de chaleur ;
Le long âge en vous l'a détruite :
D'un loup écorché vif appliquez-vous la peau
Toute chaude et toute fumante ;
Le secret sans doute en est beau
Pour la nature défaillante.
Messire Loup vous servira,
S'il vous plaît, de robe de chambre. »
Le roi goûte cet avis-là :
On écorche, on taille, on démembre
Messire Loup. Le monarque en soupa,
Et de sa peau s'enveloppa.

Messieurs les courtisans, cessez de vous détruire :
Faites si vous pouvez votre cour sans vous nuire.
Le mal se rend chez vous au quadruple du bien.
Les daubeurs ont leur tour d'une ou d'autre manière :
Vous êtes dans une carrière
Où l'on ne se pardonne rien.

H. PISAN

Le chien qui porte à son cou le dîner de son maître

Nous n'avons pas les yeux à l'épreuve des belles,
Ni les mains à celle de l'or :
Peu de gens gardent un trésor
Avec des soins assez fidèles.

Certain chien, qui portait la pitance au logis,
S'était fait un collier du dîner de son maître.
Il était tempérant plus qu'il n'eût voulu l'être
Quand il voyait un mets exquis :
Mais enfin il l'était et tous tant que nous sommes
Nous nous laissons tenter à l'approche des biens.
Chose étrange ! on apprend la tempérance aux chiens,
Et l'on ne peut l'apprendre aux hommes.
Ce chien-ci donc étant de la sorte atourné,
Un mâtin passe, et veut lui prendre le dîner.
Il n'en eut pas toute la joie
Qu'il espérait d'abord : le chien mit bas la proie,
Pour la défendre mieux n'en étant plus chargé.
Grand combat. D'autres chiens arrivent ;
Ils étaient de ceux-là qui vivent
Sur le public, et craignent peu les coups.
Notre chien, se voyant trop faible contre eux tous,
Et que la chair courait un danger manifeste,
Voulut avoir sa part ; et, lui sage, il leur dit :
« Point de courroux, messieurs, mon lopin me suffit :
Faites votre profit du reste. »
À ces mots le premier il vous happe un morceau.
Et chacun de tirer, le mâtin, la canaille,
À qui mieux mieux : ils firent tous ripaille ;
Chacun d'eux eut part au gâteau.

Je crois voir en ceci l'image d'une ville,
Où l'on met les deniers à la merci des gens.
Échevins, prévôt des marchands,
Tout fait sa main : le plus habile
Donne aux autres l'exemple ; et c'est un passe-temps
De leur voir nettoyer un monceau de pistoles.
Si quelque scrupuleux par des raisons frivoles
Veut défendre l'argent, et dit le moindre mot,
On lui fait voir qu'il est un sot.
Il n'a pas de peine à se rendre :
C'est bientôt le premier à prendre.

Le rat et l'huître

Un rat hôte d'un champ, rat de peu de cervelle,
Des lares paternels un jour se trouva soûl.
Il laisse là le champ, le grain, et la javelle,
Va courir le pays, abandonne son trou.
Sitôt qu'il fut hors de la case,
« Que le monde, dit-il, est grand et spacieux !
Voilà les Apennins, et voici le Caucase. »
La moindre taupinée était mont à ses yeux.
Au bout de quelques jours le voyageur arrive
En un certain canton où Thétys sur la rive
Avait laissé mainte huître ; et notre rat d'abord
Crut voir en les voyant des vaisseaux de haut bord.
« Certes, dit-il, mon père était un pauvre sire !
Il n'osait voyager, craintif au dernier point.
Pour moi, j'ai déjà vu le maritime empire :
J'ai passé les déserts, mais nous n'y bûmes point. »
D'un certain magister le rat tenait ces choses,
Et les disait à travers champs ;
N'étant pas de ces rats qui les livres rongeants
Se font savants jusques aux dents.
Parmi tant d'huîtres toutes closes,
Une s'était ouverte, et bâillant au soleil,
Par un doux zéphyr réjouie,
Humait l'air, respirait, était épanouie,
Blanche, grasse, et d'un goût, à la voir, nonpareil.
D'aussi loin que le rat voit cette huître qui bâille :
« Qu'aperçois-je ? dit-il, c'est quelque victuaille ;
Et, si je ne me trompe à la couleur du mets,
Je dois faire aujourd'hui bonne chère, ou jamais. »
Là-dessus maître Rat plein de belle espérance
Approche de l'écaille, allonge un peu le cou,
Se sent pris comme aux lacs ; car l'huître tout d'un coup
Se referme. Et voilà ce que fait l'ignorance.

Cette fable contient plus d'un enseignement.
Nous y voyons premièrement
Que ceux qui n'ont du monde aucune expérience
Sont aux moindres objets frappés d'étonnement ;
Et puis nous y pouvons apprendre,
Que tel est pris qui croyait prendre.

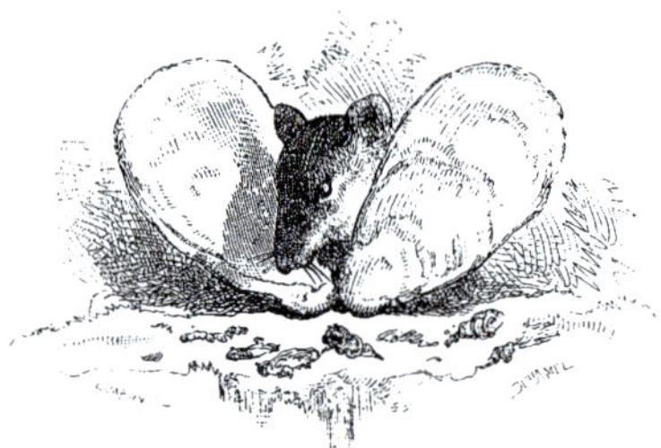

L'ours et l'amateur des jardins

Certain ours montagnard, ours à demi léché,
Confiné par le Sort dans un bois solitaire,
Nouveau Bellérophon, vivait seul et caché :
Il fût devenu fou : la raison d'ordinaire
N'habite pas longtemps chez les gens séquestrés.
Il est bon de parler, et meilleur de se taire ;
Mais tous deux sont mauvais alors qu'ils sont outrés.
Nul animal n'avait affaire
Dans les lieux que l'ours habitait ;
Si bien que tout ours qu'il était
Il vint à s'ennuyer de cette triste vie.
Pendant qu'il se livrait à la mélancolie,
Non loin de là certain vieillard
S'ennuyait aussi de sa part.
Il aimait les jardins, était prêtre de Flore,
Il l'était de Pomone encore :
Ces deux emplois sont beaux ; mais je voudrais parmi
Quelque doux et discret ami.
Les jardins parlent peu, si ce n'est dans mon livre ;
De façon que, lassé de vivre
Avec des gens muets, notre homme un beau matin
Va chercher compagnie, et se met en campagne.
L'ours porté d'un même dessein
Venait de quitter sa montagne :
Tous deux, par un cas surprenant,
Se rencontrent en un tournant.
L'homme eut peur: mais comment esquiver ? et que faire ?
Se tirer en Gascon d'une semblable affaire
Est le mieux : il sut donc dissimuler sa peur.
L'ours, très mauvais complimenteur,
Lui dit : « Viens-t'en me voir. » L'autre reprit : « Seigneur,
Vous voyez mon logis ; si vous me vouliez faire
Tant d'honneur que d'y prendre un champêtre repas,
J'ai des fruits, j'ai du lait : ce n'est peut-être pas
De nosseigneurs les Ours le manger ordinaire ;
Mais j'offre ce que j'ai. » L'ours l'accepte ; et d'aller.
Les voilà bons amis avant que d'arriver.
Arrivés, les voilà se trouvant bien ensemble ;
Et bien qu'on soit à ce qu'il semble
Beaucoup mieux seul qu'avec des sots,
Comme l'ours en un jour ne disait pas deux mots,
L'homme pouvait sans bruit vaquer à son ouvrage.
L'ours allait à la chasse, apportait du gibier,
Faisait son principal métier
D'être bon émoucheur, écartait du visage
De son ami dormant ce parasite ailé
Que nous avons mouche appelé.
Un jour que le vieillard dormait d'un profond somme,
Sur le bout de son nez une allant se placer
Mit l'ours au désespoir ; il eut beau la chasser :
« Je t'attraperai bien, dit-il. Et voici comme. »
Aussitôt fait que dit : le fidèle émoucheur
Vous empoigne un pavé, le lance avec roideur,
Casse la tête à l'homme en écrasant la mouche,
Et non moins bon archer que mauvais raisonneur,
Roide mort étendu sur la place il le couche.

Rien n'est si dangereux qu'un ignorant ami ;
Mieux vaudrait un sage ennemi.

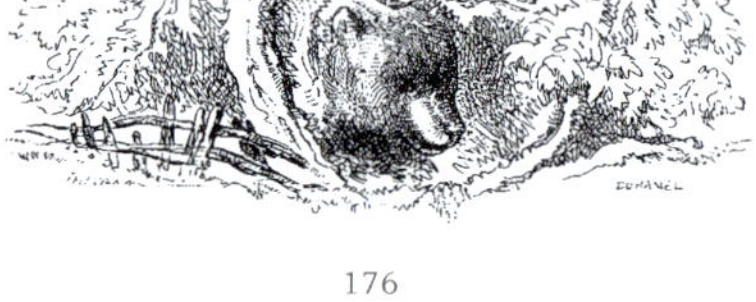

Tircis et Amarante
Pour mademoiselle de Sillery

J'avais Ésope quitté
Pour être tout à Boccace :
Mais une divinité
Veut revoir sur le Parnasse
Des fables de ma façon.
Or d'aller lui dire « Non »
Sans quelque valable excuse,
Ce n'est pas comme on en use
Avec des divinités,
Surtout quand ce sont de celles
Que la qualité de belles
Fait reines des volontés.
Car afin que l'on le sache,
C'est Sillery qui s'attache
À vouloir que, de nouveau,
Sire Loup, sire Corbeau
Chez moi se parlent en rime.
Qui dit Sillery, dit tout ;
Peu de gens en leur estime
Lui refusent le haut bout ;
Comment le pourrait-on faire ?
Pour venir à notre affaire,
Mes contes à son avis
Sont obscurs ; les beaux esprits
N'entendent pas toute chose.
Faisons donc quelques récits
Qu'elle déchiffre sans glose :
Amenons des bergers et puis nous rimerons
Ce que disent entre eux les loups et les moutons.

Tircis disait un jour à la jeune Amarante :
« Ah ! si vous connaissiez comme moi certain mal
Qui nous plaît et qui nous enchante !

PANNEMAKER-DOMS. Sc.

Il n'est bien sous le ciel qui vous parût égal :
Souffrez qu'on vous le communique ;
Croyez-moi ; n'ayez point de peur :
Voudrais-je vous tromper, vous pour qui je me pique
Des plus doux sentiments que puisse avoir un cœur ? »
Amarante aussitôt réplique :
« Comment l'appelez-vous, ce mal ? quel est son nom ?
– L'amour. – Ce mot est beau : dites-moi quelque marque
À quoi je le pourrai connaître : que sent-on ?
– Des peines près de qui le plaisir des monarques
Est ennuyeux et fade : on s'oublie, on se plaît
Toute seule en une forêt.
Se mire-t-on près un rivage ?
Ce n'est pas soi qu'on voit, on ne voit qu'une image
Qui sans cesse revient et qui suit en tous lieux :
Pour tout le reste on est sans yeux.
Il est un berger du village
Dont l'abord, dont la voix, dont le nom fait rougir :
On soupire à son souvenir ;
On ne sait pas pourquoi, cependant on soupire ;
On a peur de le voir encor qu'on le désire. »
Amarante dit à l'instant :
« Oh ! oh ! c'est là ce mal que vous me prêchez tant ?
Il ne m'est pas nouveau ; je pense le connaître. »
Tircis à son but croyait être,
Quand la belle ajouta : « Voilà tout justement
Ce que je sens pour Clidamant. »
L'autre pensa mourir de dépit et de honte.

Il est force gens comme lui
Qui prétendent n'agir que pour leur propre compte,
Et qui font le marché d'autrui.

Le rat et l'éléphant

Se croire un personnage est fort commun en France :
On y fait l'homme d'importance,
Et l'on n'est souvent qu'un bourgeois :
C'est proprement le mal françois.
La sotte vanité nous est particulière.
Les Espagnols sont vains, mais d'une autre manière.
Leur orgueil me semble en un mot
Beaucoup plus fou, mais pas si sot.
Donnons quelque image du nôtre
Qui sans doute en vaut bien un autre.

Un rat des plus petits voyait un éléphant
Des plus gros, et raillait le marcher un peu lent
De la bête de haut parage,
Qui marchait à gros équipage.
Sur l'animal à triple étage
Une sultane de renom,
Son chien, son chat et sa guenon,
Son perroquet, sa vieille, et toute sa maison,
S'en allait en pèlerinage.
Le rat s'étonnait que les gens
Fussent touchés de voir cette pesante masse :
« Comme si d'occuper ou plus ou moins de place
Nous rendait, disait-il, plus ou moins importants.
Mais qu'admirez-vous tant en lui, vous autres hommes ?
Serait-ce ce grand corps qui fait peur aux enfants ?
Nous ne nous prisons pas, tout petits que nous sommes,
D'un grain moins que les éléphants. »
Il en aurait dit davantage ;
Mais le chat, sortant de sa cage,
Lui fit voir en moins d'un instant
Qu'un rat n'est pas un éléphant.

G Doré
J. HUYOT.

Le bassa et le marchand

Un marchand grec en certaine contrée
Faisait trafic. Un bassa l'appuyait ;
De quoi le Grec en bassa le payait,
Non en marchand : tant c'est chère denrée
Qu'un protecteur. Celui-ci coûtait tant,
Que notre Grec s'allait partout plaignant.
Trois autres Turcs d'un rang moindre en puissance
Lui vont offrir leur support en commun.
Eux trois voulaient moins de reconnaissance
Qu'à ce marchand il n'en coûtait pour un.
Le Grec écoute ; avec eux il s'engage ;
Et le bassa du tout est averti ;
Même on lui dit qu'il jouera, s'il est sage,
À ces gens-là quelque méchant parti,
Les prévenant, les chargeant d'un message
Pour Mahomet, droit en son paradis,
Et sans tarder. Sinon ces gens unis
Le préviendront, bien certains qu'à la ronde
Il a des gens tout prêts pour le venger.
Quelque poison l'enverra protéger
Les trafiquants qui sont en l'autre monde.
Sur cet avis le Turc se comporta
Comme Alexandre ; et plein de confiance,
Chez le marchand tout droit il s'en alla ;
Se mit à table. On vit tant d'assurance
En ses discours et dans tout son maintien,
Qu'on ne crut point qu'il se doutât de rien.
« Ami, dit-il, je sais que tu me quittes ;
Même l'on veut que j'en craigne les suites ;
Mais je te crois un trop homme de bien :
Tu n'as point l'air d'un donneur de breuvage.
Je n'en dis pas là-dessus davantage.
Quant à ces gens qui pensent t'appuyer,
Écoute-moi. Sans tant de dialogue,
Et de raisons qui pourraient t'ennuyer,
Je ne te veux conter qu'un apologue.

Il était un berger, son chien et son troupeau.
Quelqu'un lui demanda ce qu'il prétendait faire
D'un dogue de qui l'ordinaire
Était un pain entier. Il fallait bien et beau
Donner cet animal au seigneur du village.
Lui berger pour plus de ménage
Aurait deux ou trois mâtineaux,
Qui, lui dépensant moins, veilleraient aux troupeaux
Bien mieux que cette bête seule.
Il mangeait plus que trois ; mais on ne disait pas
Qu'il avait aussi triple gueule
Quand les loups livraient des combats.
Le berger s'en défait : il prend trois chiens de taille
À lui dépenser moins, mais à fuir la bataille.
Le troupeau s'en sentit, et tu te sentiras
Du choix de semblable canaille.
Si tu fais bien, tu reviendras à moi. »
Le Grec le crut. Ceci montre aux provinces
Que, tout compté, mieux vaut en bonne foi
S'abandonner à quelque puissant roi,
Que s'appuyer de plusieurs petits princes.

Le torrent et la rivière

Avec grand bruit et grand fracas
Un torrent tombait des montagnes :
Tout fuyait devant lui ; l'horreur suivait ses pas ;
Il faisait trembler les campagnes.
Nul voyageur n'osait passer
Une barrière si puissante :
Un seul vit des voleurs, et se sentant presser,
Il mit entre eux et lui cette onde menaçante.
Ce n'était que menace, et bruit, sans profondeur ;
Notre homme enfin n'eut que la peur.
Ce succès lui donnant courage,
Et les mêmes voleurs le poursuivant toujours,
Il rencontra sur son passage
Une rivière dont le cours
Image d'un sommeil doux, paisible et tranquille
Lui fit croire d'abord ce trajet fort facile :
Point de bords escarpés, un sable pur et net.
Il entre, et son cheval le met
À couvert des voleurs, mais non de l'onde noire :
Tous deux au Styx allèrent boire ;
Tous deux, à nager malheureux,
Allèrent traverser au séjour ténébreux
Bien d'autres fleuves que les nôtres.

Les gens sans bruit sont dangereux :
Il n'en est pas ainsi des autres.

Gve Doré
H. PISAN

Les deux chiens et l'âne mort

Les vertus devraient être sœurs,
Ainsi que les vices sont frères.
Dès que l'un de ceux-ci s'empare de nos cœurs,
Tous viennent à la file, il ne s'en manque guères :
J'entends de ceux qui n'étant pas contraires
Peuvent loger sous même toit.
À l'égard des vertus, rarement on les voit
Toutes en un sujet éminemment placées
Se tenir par la main sans être dispersées.
L'un est vaillant, mais prompt ; l'autre est prudent, mais froid.
Parmi les animaux le chien se pique d'être
Soigneux et fidèle à son maître ;
Mais il est sot, il est gourmand :
Témoin ces deux mâtins qui dans l'éloignement
Virent un âne mort qui flottait sur les ondes.
Le vent de plus en plus l'éloignait de nos chiens.
« Ami, dit l'un, tes yeux sont meilleurs que les miens.
Porte un peu tes regards sur ces plaines profondes.
J'y crois voir quelque chose. Est-ce un bœuf, un cheval ?
– Hé ! qu'importe quel animal ?
Dit l'un de ces mâtins ; voilà toujours curée.
Le point est de l'avoir ; car le trajet est grand ;
Et de plus il nous faut nager contre le vent.
Buvons toute cette eau ; notre gorge altérée
En viendra bien à bout : ce corps demeurera
Bientôt à sec, et ce sera
Provision pour la semaine. »
Voilà mes chiens à boire ; ils perdirent l'haleine,
Et puis la vie ; ils firent tant
Qu'on les vit crever à l'instant.

L'homme est ainsi bâti : quand un sujet l'enflamme,
L'impossibilité disparaît à son âme.
Combien fait-il de vœux, combien perd-il de pas ?
S'outrant pour acquérir des biens ou de la gloire ?
« Si j'arrondissais mes États !
Si je pouvais remplir mes coffres de ducats !
Si j'apprenais l'hébreu, les sciences, l'histoire !
Tout cela, c'est la mer à boire ;
Mais rien à l'homme ne suffit :
Pour fournir aux projets que forme un seul esprit
Il faudrait quatre corps ; encor, loin d'y suffire,
À mi-chemin je crois que tous demeureraient :
Quatre Mathusalems bout à bout ne pourraient
Mettre à fin ce qu'un seul désire.

G. Doré
Jonnard.

Le loup et le chasseur

Fureur d'accumuler, monstre de qui les yeux
Regardent comme un point tous les bienfaits des dieux,
Te combattrai-je en vain sans cesse en cet ouvrage ?
Quel temps demandes-tu pour suivre mes leçons ?
L'homme, sourd à ma voix comme à celle du sage,
Ne dira-t-il jamais : « C'est assez, jouissons » ?
Hâte-toi, mon ami, tu n'as pas tant à vivre.
Je te rebats ce mot, car il vaut tout un livre :
Jouis. – « Je le ferai. » – Mais quand donc ? – « Dès demain. »
– Eh ! mon ami, la mort te peut prendre en chemin.
Jouis dès aujourd'hui : redoute un sort semblable
À celui du chasseur et du loup de ma fable.
Le premier de son arc avait mis bas un daim.
Un faon de biche passe, et le voilà soudain
Compagnon du défunt ; tous deux gisent sur l'herbe.
La proie était honnête ; un daim avec un faon,
Tout modeste chasseur en eût été content.
Cependant un sanglier, monstre énorme et superbe,
Tente encor notre archer, friand de tels morceaux.
Autre habitant du Styx : la Parque et ses ciseaux
Avec peine y mordaient ; la déesse infernale
Reprit à plusieurs fois l'heure au monstre fatale.
De la force du coup pourtant il s'abattit.
C'était assez de biens ; mais quoi ? rien ne remplit
Les vastes appétits d'un faiseur de conquêtes.
Dans le temps que le porc revient à soi, l'archer
Voit le long d'un sillon une perdrix marcher,
Surcroît chétif aux autres têtes.
De son arc toutefois il bande les ressorts.
Le sanglier, rappelant les restes de sa vie,
Vient à lui, le découd, meurt vengé sur son corps ;
Et la perdrix le remercie.

Cette part du récit s'adresse au convoiteux :
L'avare aura pour lui le reste de l'exemple.

Un loup vit, en passant, ce spectacle piteux.
« Ô fortune, dit-il, je te promets un temple.
Quatre corps étendus ! que de biens ! mais pourtant
Il faut les ménager, ces rencontres sont rares. »
(Ainsi s'excusent les avares.)
« J'en aurai, dit le loup, pour un mois, pour autant.
Un, deux, trois, quatre corps, ce sont quatre semaines,
Si je sais compter, toutes pleines.
Commençons dans deux jours ; et mangeons cependant
La corde de cet arc ; il faut que l'on l'ait faite
De vrai boyau ; l'odeur me le témoigne assez. »
En disant ces mots, il se jette
Sur l'arc qui se détend, et fait de la sagette
Un nouveau mort, mon loup a les boyaux percés.

Je reviens à mon texte. Il faut que l'on jouisse ;
Témoin ces deux gloutons punis d'un sort commun ;
La convoitise perdit l'un ;
L'autre périt par l'avarice.

G. Doré
PANNEMAKER-DOMS

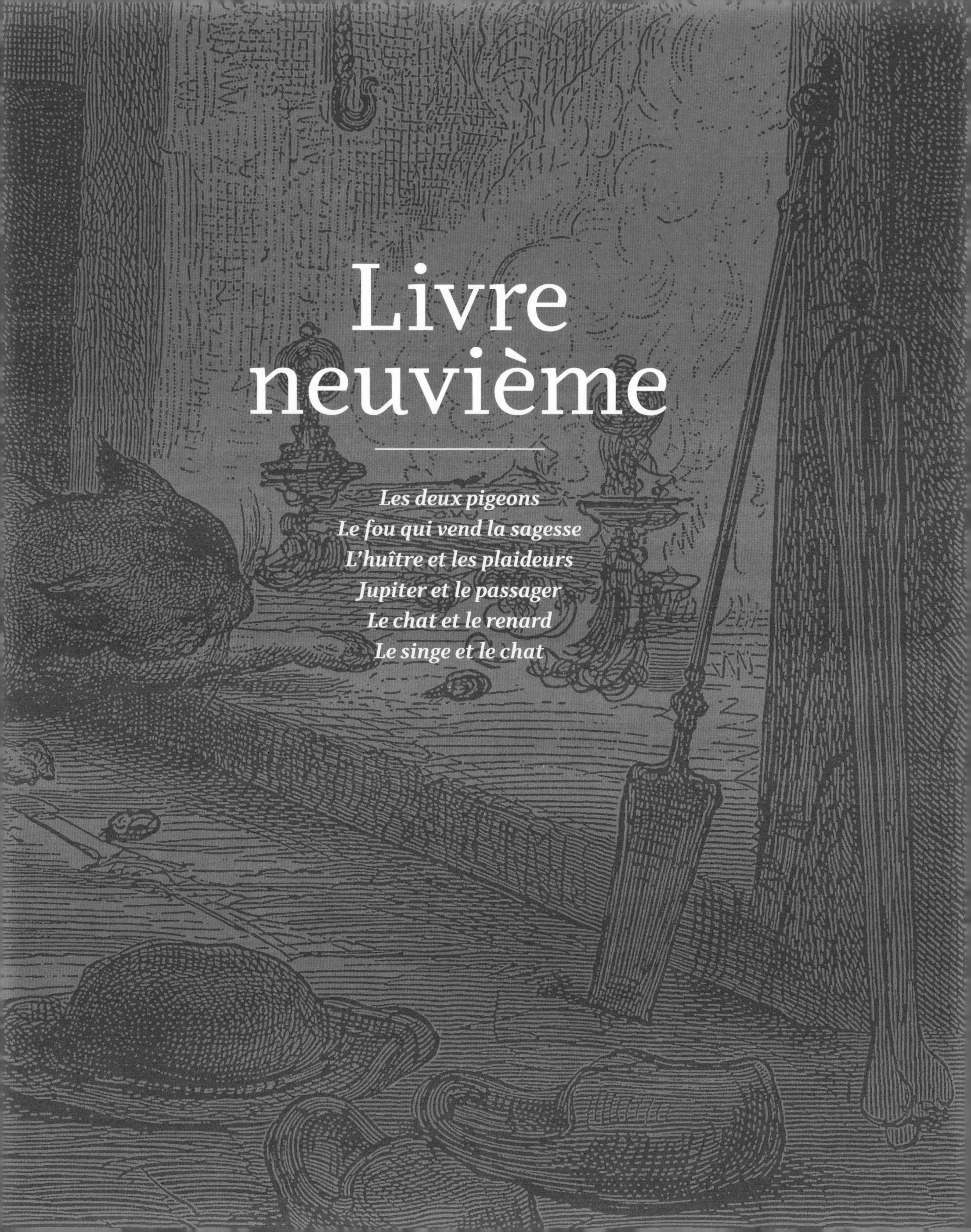

Livre neuvième

Les deux pigeons
Le fou qui vend la sagesse
L'huître et les plaideurs
Jupiter et le passager
Le chat et le renard
Le singe et le chat

Les deux pigeons

Deux pigeons s'aimaient d'amour tendre.
L'un d'eux s'ennuyant au logis
Fut assez fou pour entreprendre
Un voyage en lointain pays.
L'autre lui dit : « Qu'allez-vous faire?
Voulez-vous quitter votre frère?
L'absence est le plus grand des maux :
Non pas pour vous, cruel. Au moins que les travaux,
Les dangers, les soins du voyage,
Changent un peu votre courage.
Encore si la saison s'avançait davantage!
Attendez les zéphyrs. Qui vous presse? Un corbeau
Tout à l'heure annonçait malheur à quelque oiseau.
Je ne songerai plus que rencontre funeste,
Que faucons, que réseaux. « Hélas, dirai-je, il pleut :
« Mon frère a-t-il tout ce qu'il veut,
« Bon soupé, bon gîte, et le reste? »
Ce discours ébranla le cœur
De notre imprudent voyageur;
Mais le désir de voir et l'humeur inquiète
L'emportèrent enfin. Il dit : « Ne pleurez point :
Trois jours au plus rendront mon âme satisfaite;
Je reviendrai dans peu conter de point en point
Mes aventures à mon frère.
Je le désennuierai : quiconque ne voit guère
N'a guère à dire aussi. Mon voyage dépeint
Vous sera d'un plaisir extrême.
Je dirai : "J'étais là; telle chose m'avint";
Vous y croirez être vous-même.
À ces mots en pleurant ils se dirent adieu.
Le voyageur s'éloigne; et voilà qu'un nuage
L'oblige de chercher retraite en quelque lieu.
Un seul arbre s'offrit, tel encor que l'orage
Maltraita le pigeon en dépit du feuillage.
L'air devenu serein, il part tout morfondu,
Sèche du mieux qu'il peut son corps chargé de pluie,
Dans un champ à l'écart voit du bé répandu,
Voit un pigeon auprès : cela lui donne envie;
Il y vole, il est pris : ce blé courait d'un lacs
Les menteurs et traîtres appas.
Le lacs était usé! si bien que de son aile,
De ses pieds, de son bec, l'oiseau le rompt enfin.
Quelque plume y périt; et le pis du destin
Fut qu'un certain vautour à la serre cruelle
Vit notre malheureux, qui, traînant la ficelle
Et les morceaux du lacs qui l'avait attrapé,
Semblait un forçat échappé.
Le vautour s'en allait le lier, quand des nues
Fond à son tour un aigle aux ailes étendues.
Le pigeon profita du conflit des voleurs,
S'envola, s'abattit auprès d'une masure,
Crut, pour ce coup, que ses malheurs
Finiraient par cette aventure;
Mais un fripon d'enfant, cet âge est sans pitié,
Prit sa fronde, et, du coup, tua plus d'à moitié
La volatile malheureuse,
Qui, maudissant sa curiosité,
Traînant l'aile et tirant le pied,
Demi-morte et demi-boiteuse,
Droit au logis s'en retourna.
Que bien, que mal, elle arriva
Sans autre aventure fâcheuse.
Voilà nos gens rejoints; et je laisse à juger
De combien de plaisirs ils payèrent leurs peines.

Amants, heureux amants, voulez-vous voyager?
Que ce soit aux rives prochaines;
Soyez-vous l'un à l'autre un monde toujours beau, ▷

Toujours divers, toujours nouveau;
Tenez-vous lieu de tout, comptez pour rien le reste.
J'ai quelquefois aimé : je n'aurais pas alors
Contre le Louvre et ses trésors,
Contre le firmament et sa voûte céleste,
Changé les bois, changé les lieux
Honorés par les pas, éclairés par les yeux
De l'aimable et jeune bergère
Pour qui, sous le fils de Cythère,
Je servis, engagé par mes premiers serments.
Hélas! quand reviendront de semblables moments?
Faut-il que tant d'objets si doux et si charmants
Me laissent vivre au gré de mon âme inquiète?
Ah! si mon cœur osait encor se renflammer!
Ne sentirai-je plus de charme qui m'arrête?
Ai-je passé le temps d'aimer?

Le fou qui vend la sagesse

Jamais auprès des fous ne te mets à portée :
Je ne te puis donner un plus sage conseil.
Il n'est enseignement pareil
À celui-là de fuir une tête éventée.
On en voit souvent dans les cours :
Le prince y prend plaisir ; car ils donnent toujours
Quelque trait aux fripons, aux sots, aux ridicules.
Un fol allait criant par tous les carrefours
Qu'il vendait la sagesse ; et les mortels crédules
De courir à l'achat : chacun fut diligent.
On essuyait force grimaces ;
Puis on avait pour son argent,
Avec un bon soufflet, un fil long de deux brasses.
La plupart s'en fâchaient ; mais que leur servait-il ?
C'étaient les plus moqués ; le mieux était de rire,
Ou de s'en aller, sans rien dire,
Avec son soufflet et son fil.
De chercher du sens à la chose,
On se fût fait siffler ainsi qu'un ignorant.
La raison est-elle garant
De ce que fait un fou ? Le hasard est la cause
De tout ce qui se passe en un cerveau blessé.
Du fil et du soufflet pourtant embarrassé,
Un des dupes un jour alla trouver un sage,
Qui, sans hésiter davantage,
Lui dit : « Ce sont ici hiéroglyphes tout purs.
Les gens bien conseillés, et qui voudront bien faire,
Entre eux et les gens fous mettront pour l'ordinaire
La longueur de ce fil ; sinon je les tiens sûrs
De quelque semblable caresse.
Vous n'êtes point trompé : ce fou vend la sagesse. »

L'huître et les plaideurs

Un jour deux pèlerins sur le sable rencontrent
Une huître, que le flot y venait d'apporter :
Ils l'avalent des yeux, du doigt ils se la montrent ;
À l'égard de la dent il fallut contester.
L'un se baissait déjà pour amasser la proie ;
L'autre le pousse, et dit : « Il est bon de savoir
Qui de nous en aura la joie.
Celui qui le premier a pu l'apercevoir
En sera le gobeur ; l'autre le verra faire.
– Si par là l'on juge l'affaire,
Reprit son compagnon, j'ai l'œil bon, Dieu merci.
– Je ne l'ai pas mauvais aussi,
Dit l'autre, et je l'ai vue avant vous, sur ma vie.
– Eh bien ! vous l'avez vue, et moi je l'ai sentie. »
Pendant tout ce bel incident,
Perrin Dandin arrive : ils le prennent pour juge.
Perrin fort gravement ouvre l'huître, et la gruge,
Nos deux messieurs le regardant.
Ce repas fait, il dit d'un ton de président :
« Tenez, la cour vous donne à chacun une écaille
Sans dépens, et qu'en paix chacun chez soi s'en aille. »

Mettez ce qu'il en coûte à plaider aujourd'hui ;
Comptez ce qu'il en reste à beaucoup de familles ;
Vous verrez que Perrin tire l'argent à lui,
Et ne laisse aux plaideurs que le sac et les quilles.

Jupiter et le passager

Ô combien le péril enrichirait les dieux,
Si nous nous souvenions des vœux qu'il nous fait faire !
Mais, le péril passé, l'on ne se souvient guère
De ce qu'on a promis aux Cieux :
On compte seulement ce qu'on doit à la terre.
« Jupiter, dit l'impie, est un bon créancier :
Il ne se sert jamais d'huissier. »
Eh ! qu'est-ce donc que le tonnerre ?
Comment appelez-vous ces avertissements ?
Un passager, pendant l'orage,
Avait voué cent bœufs au vainqueur des Titans.
Il n'en avait pas un : vouer cent éléphants
N'aurait pas coûté davantage.
Il brûla quelques os quand il fut au rivage.
Au nez de Jupiter la fumée en monta.
« Sire Jupin, dit-il, prends mon vœu ; le voilà :
C'est un parfum de bœuf que ta grandeur respire.
La fumée est ta part : je ne te dois plus rien. »
Jupiter fit semblant de rire ;
Mais après quelques jours le dieu l'attrapa bien,
Envoyant un songe lui dire
Qu'un tel trésor était en tel lieu. L'homme au vœu
Courut au trésor comme au feu :
Il trouva des voleurs, et n'ayant dans sa bourse
Qu'un écu pour toute ressource,
Il leur promit cent talents d'or,
Bien comptés, et d'un tel trésor :
On l'avait enterré dedans telle bourgade.
L'endroit parut suspect aux voleurs, de façon
Qu'à notre prometteur l'un dit : « Mon camarade,
Tu te moques de nous ; meurs, et va chez Pluton
Porter tes cent talents en don. »

G. Doré
T. HILDIBRAND Sc.

Le chat et le renard

Le chat et le renard, comme beaux petits saints,
S'en allaient en pèlerinage.
C'étaient deux vrais tartufs, deux archipatelins,
Deux francs patte-pelus qui, des frais du voyage,
Croquant mainte volaille, escroquant maint fromage,
S'indemnisaient à qui mieux mieux.
Le chemin était long, et partant ennuyeux,
Pour l'accourcir ils disputèrent.
La dispute est d'un grand secours ;
Sans elle on dormirait toujours.
Nos pèlerins s'égosillèrent.
Ayant bien disputé, l'on parla du prochain.
Le renard au chat dit enfin :
« Tu prétends être fort habile :
En sais-tu tant que moi ? J'ai cent ruses au sac.
– Non, dit l'autre : je n'ai qu'un tour dans mon bissac,
Mais je soutiens qu'il en vaut mille. »
Eux de recommencer la dispute à l'envi,
Sur le que si, que non, tous deux étant ainsi,
Une meute apaisa la noise.
Le chat dit au renard : « Fouille en ton sac, ami :
Cherche en ta cervelle matoise
Un stratagème sûr. Pour moi, voici le mien. »
À ces mots sur un arbre il grimpa bel et bien.
L'autre fit cent tours inutiles,
Entra dans cent terriers, mit cent fois en défaut
Tous les confrères de Brifaut.
Partout il tenta des asiles,
Et ce fut partout sans succès ;
La fumée y pourvut, ainsi que les bassets.
Au sortir d'un terrier, deux chiens aux pieds agiles
L'étranglèrent du premier bond.

Le trop d'expédients peut gâter une affaire ;
On perd du temps au choix, on tente, on veut tout faire.
N'en ayons qu'un, mais qu'il soit bon.

Le singe et le chat

Bertrand avec Raton, l'un singe, et l'autre chat,
Commensaux d'un logis, avaient un commun maître.
D'animaux malfaisants c'était un très bon plat :
Ils n'y craignaient tous deux aucun, quel qu'il pût être.
Trouvait-on quelque chose au logis de gâté,
L'on ne s'en prenait point aux gens du voisinage.
Bertrand dérobait tout ; Raton de son côté
Était moins attentif aux souris qu'au fromage.
Un jour au coin du feu nos deux maîtres fripons
Regardaient rôtir des marrons.
Les escroquer était une très bonne affaire :
Nos galants y voyaient double profit à faire,
Leur bien premièrement, et puis le mal d'autrui.
Bertrand dit à Raton : « Frère, il faut aujourd'hui
Que tu fasses un coup de maître.
Tire-moi ces marrons. Si Dieu m'avait fait naître
Propre à tirer marrons du feu,
Certes marrons verraient beau jeu. »
Aussitôt fait que dit : Raton avec sa patte,
D'une manière délicate,
Écarte un peu la cendre, et retire les doigts,
Puis les reporte à plusieurs fois ;
Tire un marron, puis deux, et puis trois en escroque.
Et cependant Bertrand les croque.
Une servante vient : adieu mes gens. Raton
N'était pas content, ce dit-on.

Aussi ne le sont pas la plupart de ces princes
Qui, flattés d'un pareil emploi,
Vont s'échauder en des provinces
Pour le profit de quelque roi.

Livre dixième

Les deux rats, le renard et l'œuf

Deux rats cherchaient leur vie ; ils trouvèrent un œuf.
Le dîner suffisait à gens de cette espèce :
Il n'était pas besoin qu'ils trouvassent un bœuf.
Pleins d'appétit, et d'allégresse,
Ils allaient de leur œuf manger chacun sa part,
Quand un quidam parut. C'était maître Renard ;
Rencontre incommode et fâcheuse.
Car comment sauver l'œuf ? Le bien empaqueter,
Puis des pieds de devant ensemble le porter,
Ou le rouler, ou le traîner :
C'était chose impossible autant que hasardeuse.
Nécessité l'ingénieuse
Leur fournit une invention.
Comme ils pouvaient gagner leur habitation,
L'écornifleur étant à demi-quart de lieue,
L'un se mit sur le dos, prit l'œuf entre ses bras,
Puis, malgré quelques heurts, et quelques mauvais pas,
L'autre le traîna par la queue.
Qu'on m'aille soutenir, après un tel récit,
Que les bêtes n'ont point d'esprit.

Pour moi, si j'en étais le maître,
Je leur en donnerais aussi bien qu'aux enfants.
Ceux-ci pensent-ils pas dès leurs plus jeunes ans ?
Quelqu'un peut donc penser ne se pouvant connaître.
Par un exemple tout égal,
J'attribuerais à l'animal
Non point une raison selon notre manière,
Mais beaucoup plus aussi qu'un aveugle ressort :
Je subtiliserais un morceau de matière,
Que l'on ne pourrait plus concevoir sans effort,
Quintessence d'atome, extrait de la lumière,
Je ne sais quoi plus vif et plus mobile encor
Que le feu : car enfin, si le bois fait la flamme,
La flamme en s'épurant peut-elle pas de l'âme
Nous donner quelque idée, et sort-il pas de l'or
Des entrailles du plomb ? Je rendrais mon ouvrage
Capable de sentir, juger, rien davantage,
Et juger imparfaitement,
Sans qu'un singe jamais fît le moindre argument.
À l'égard de nous autres hommes,
Je ferais notre lot infiniment plus fort :
Nous aurions un double trésor ;
L'un cette âme pareille en tous tant que nous sommes,
Sages, fous, enfants, idiots,
Hôtes de l'univers, sous le nom d'animaux ;
L'autre encore une autre âme, entre nous et les anges
Commune en un certain degré ;
Et ce trésor à part créé
Suivrait parmi les airs les célestes phalanges,
Entrerait dans un point sans en être pressé,
Ne finirait jamais quoique ayant commencé :
Choses réelles, quoique étranges.
Tant que l'enfance durerait,
Cette fille du Ciel en nous ne paraîtrait
Qu'une tendre et faible lumière ;
L'organe étant plus fort, la raison percerait
Les ténèbres de la matière,
Qui toujours envelopperait
L'autre âme, imparfaite et grossière.

Les poissons et le cormoran

Il n'était point d'étang dans tout le voisinage
Qu'un cormoran n'eût mis à contribution.
Viviers et réservoirs lui payaient pension.
Sa cuisine allait bien : mais, lorsque le long âge
Eut glacé le pauvre animal,
La même cuisine alla mal.
Tout cormoran se sert de pourvoyeur lui-même.
Le nôtre, un peu trop vieux pour voir au fond des eaux,
N'ayant ni filets ni réseaux,
Souffrait une disette extrême.
Que fit-il ? Le besoin, docteur en stratagème,
Lui fournit celui-ci. Sur le bord d'un étang
Cormoran vit une écrevisse.
« Ma commère, dit-il, allez tout à l'instant
Porter un avis important
À ce peuple. Il faut qu'il périsse :
Le maître de ce lieu dans huit jours pêchera. »
L'écrevisse en hâte s'en va
Conter le cas : grande est l'émute.
On court, on s'assemble, on députe
À l'oiseau : « Seigneur Cormoran,
D'où vous vient cet avis ? Quel est votre garant ?
Êtes-vous sûr de cette affaire ?
N'y savez-vous remède ? Et qu'est-il bon de faire ?
– Changer de lieu, dit-il. – Comment le ferons-nous ?
– N'en soyez point en soin : je vous porterai tous,
L'un après l'autre, en ma retraite.
Nul que Dieu seul et moi n'en connaît les chemins :
Il n'est demeure plus secrète.
Un vivier que Nature y creusa de ses mains,
Inconnu des traîtres humains,
Sauvera votre république. »
On le crut. Le peuple aquatique
L'un après l'autre fut porté
Sous ce rocher peu fréquenté.
Là cormoran le bon apôtre,
Les ayant mis en un endroit
Transparent, peu creux, fort étroit,
Vous les prenait sans peine, un jour l'un, un jour l'autre.
Il leur apprit à leurs dépens
Que l'on ne doit jamais avoir de confiance
En ceux qui sont mangeurs de gens.
Ils y perdirent peu, puisque l'humaine engeance
En aurait aussi bien croqué sa bonne part ;
Qu'importe qui vous mange ? homme ou loup ; toute panse
Me paraît une à cet égard ;
Un jour plus tôt, un jour plus tard,
Ce n'est pas grande différence.

S. PANNEMAKER Sc.

Le berger et le roi

Deux démons à leur gré partagent notre vie,
Et de son patrimoine ont chassé la raison ;
Je ne vois point de cœur qui ne leur sacrifie :
Si vous me demandez leur état et leur nom,
J'appelle l'un Amour, et l'autre Ambition.
Cette dernière étend le plus loin son empire ;
Car même elle entre dans l'amour.
Je le ferais bien voir ; mais mon but est de dire
Comme un roi fit venir un berger à sa cour.
Le conte est du bon temps, non du siècle où nous sommes.
Ce roi vit un troupeau qui couvrait tous les champs,
Bien broutant, en bon corps, rapportant tous les ans,
Grâce aux soins du berger, de très notables sommes.
Le berger plut au roi par ces soins diligents.
« Tu mérites, dit-il, d'être pasteur de gens :
Laisse là tes moutons, viens conduire des hommes.
Je te fais juge souverain. »
Voilà notre berger la balance à la main.
Quoiqu'il n'eût guère vu d'autres gens qu'un ermite,
Son troupeau, ses mâtins, le loup, et puis c'est tout,
Il avait du bon sens ; le reste vient ensuite.
Bref, il en vint fort bien à bout.
L'ermite son voisin accourut pour lui dire :
« Veillé-je ? et n'est-ce point un songe que je vois ?
Vous, favori ! vous, grand ! Défiez-vous des rois :
Leur faveur est glissante, on s'y trompe ; et le pire
C'est qu'il en coûte cher ; de pareilles erreurs
Ne produisent jamais que d'illustres malheurs.
Vous ne connaissez pas l'attrait qui vous engage.
Je vous parle en ami. Craignez tout. » L'autre rit,
Et notre ermite poursuivit :
« Voyez combien déjà la cour vous rend peu sage.
Je crois voir cet aveugle à qui dans un voyage
Un serpent engourdi de froid

G. Doré
Jac. Ettling Sc

Vint s'offrir sous la main : il le prit pour un fouet.
Le sien s'était perdu, tombant de sa ceinture.
Il rendait grâce au Ciel de l'heureuse aventure,
Quand un passant cria : « Que tenez-vous, ô dieux !
« Jetez cet animal traître et pernicieux,
« Ce serpent. – C'est un fouet. – C'est un serpent, vous dis-je.
« À me tant tourmenter quel intérêt m'oblige ?
« Prétendez-vous garder ce trésor ? – Pourquoi non ?
« Mon fouet était usé ; j'en retrouve un fort bon ;
« Vous n'en parlez que par envie. »
L'aveugle enfin ne le crut pas ;
Il en perdit bientôt la vie.
L'animal dégourdi piqua son homme au bras.
Quant à vous, j'ose vous prédire
Qu'il vous arrivera quelque chose de pire.
– Eh ! que me saurait-il arriver que la mort ?
– Mille dégoûts viendront », dit le prophète ermite.
Il en vint en effet ; l'ermite n'eut pas tort.
Mainte peste de cour fit tant, par maint ressort,
Que la candeur du juge, ainsi que son mérite,
Furent suspects au prince. On cabale, on suscite
Accusateurs, et gens grevés par ses arrêts.
« De nos biens, dirent-ils, il s'est fait un palais. »
Le prince voulut voir ces richesses immenses ;
Il ne trouva partout que médiocrité,
Louanges du désert et de la pauvreté ;
C'étaient là ses magnificences.
« Son fait, dit-on, consiste en des pierres de prix.
Un grand coffre en est plein, fermé de dix serrures. »
Lui-même ouvrit ce coffre, et rendit bien surpris
Tous les machineurs d'impostures.
Le coffre étant ouvert, on y vit des lambeaux,
L'habit d'un gardeur de troupeaux,
Petit chapeau, jupon, panetière, houlette,
Et, je pense, aussi sa musette.
« Doux trésors, ce dit-il, chers gages, qui jamais
N'attirâtes sur vous l'envie et le mensonge,
Je vous reprends ; sortons de ces riches palais
Comme l'on sortirait d'un songe.
Sire, pardonnez-moi cette exclamation.
J'avais prévu ma chute en montant sur le faîte.
Je m'y suis trop complu ; mais qui n'a dans la tête
Un petit grain d'ambition ? »

Les poissons et le berger qui joue de la flûte

Tircis, qui pour la seule Annette
Faisait résonner les accords
D'une voix et d'une musette
Capables de toucher les morts,
Chantait un jour le long des bords
D'une onde arrosant des prairies,
Dont Zéphire habitait les campagnes fleuries.
Annette cependant à la ligne pêchait,
Mais nul poisson ne s'approchait :
La bergère perdait ses peines.
Le berger, qui par ses chansons
Eût attiré des inhumaines,
Crut, et crut mal, attirer des poissons.
Il leur chanta ceci : « Citoyens de cette onde,
Laissez votre naïade en sa grotte profonde.
Venez voir un objet mille fois plus charmant.
Ne craignez point d'entrer aux prisons de la belle :
Ce n'est qu'à nous qu'elle est cruelle.
Vous serez traités doucement :
On n'en veut point à votre vie.
Un vivier vous attend, plus clair que fin cristal ;
Et, quand à quelques-uns l'appât serait fatal,
Mourir des mains d'Annette est un sort que j'envie. »
Ce discours éloquent ne fit pas grand effet :
L'auditoire était sourd aussi bien que muet :
Tircis eut beau prêcher. Ses paroles miellées
S'en étant aux vents envolées,
Il tendit un long rets. Voilà les poissons pris,
Voilà les poissons mis aux pieds de la bergère.

Ô vous pasteurs d'humains et non pas de brebis,
Rois, qui croyez gagner par raisons les esprits
D'une multitude étrangère,
Ce n'est jamais par là que l'on en vient à bout ;
Il y faut une autre manière :
Servez-vous de vos rets, la puissance fait tout.

PANNEMAKER-DOMS Sc

Les deux aventuriers et le talisman

Aucun chemin de fleurs ne conduit à la gloire.
Je n'en veux pour témoin qu'Hercule et ses travaux.
Ce dieu n'a guère de rivaux :
J'en vois peu dans la Fable, encor moins dans l'Histoire.
En voici pourtant un que de vieux talismans
Firent chercher fortune au pays des romans.
Il voyageait de compagnie.
Son camarade et lui trouvèrent un poteau
Ayant au haut cet écriteau :
« Seigneur aventurier, s'il te prend quelque envie
De voir ce que n'a vu nul chevalier errant,
Tu n'as qu'à passer ce torrent ;
Puis, prenant dans tes bras un éléphant de pierre
Que tu verras couché par terre,
Le porte, d'une haleine, au sommet de ce mont,
Qui menace les cieux de son superbe front. »
L'un des deux chevaliers saigna du nez. « Si l'onde
Est rapide autant que profonde,
Dit-il, et supposé qu'on la puisse passer,
Pourquoi de l'éléphant s'aller embarrasser ?
Quelle ridicule entreprise !
Le sage l'aura fait par tel art et de guise
Qu'on le pourra porter peut-être quatre pas ;
Mais jusqu'au haut du mont, d'une haleine, il n'est pas
Au pouvoir d'un mortel, à moins que la figure
Ne soit d'un éléphant nain, pygmée, avorton,
Propre à mettre au bout d'un bâton :
Auquel cas, où l'honneur d'une telle aventure ?
On nous veut attraper dedans cette écriture :
Ce sera quelque énigme à tromper un enfant.
C'est pourquoi je vous laisse avec votre éléphant. »
Le raisonneur parti, l'aventureux se lance,
Les yeux clos, à travers cette eau.
Ni profondeur ni violence
Ne purent l'arrêter ; et selon l'écriteau,
Il vit son éléphant couché sur l'autre rive.
Il le prend, il l'emporte, au haut du mont arrive,
Rencontre une esplanade, et puis une cité.
Un cri par l'éléphant est aussitôt jeté :
Le peuple aussitôt sort en armes.
Tout autre aventurier au bruit de ces alarmes
Aurait fui : celui-ci loin de tourner le dos
Veut vendre au moins sa vie, et mourir en héros.
Il fut tout étonné d'ouïr cette cohorte
Le proclamer monarque au lieu de son roi mort.
Il ne se fit prier que de la bonne sorte,
Encor que le fardeau fût, dit-il, un peu fort.
Sixte en disait autant quand on le fit Saint Père.
(Serait-ce bien une misère
Que d'être pape ou d'être roi ?)
On reconnut bientôt son peu de bonne foi.

Fortune aveugle suit aveugle hardiesse.
Le sage quelquefois fait bien d'exécuter,
Avant que de donner le temps à la sagesse
D'envisager le fait, et sans la consulter.

Les lapins
Discours à M. le duc de La Rochefoucauld

Je me suis souvent dit, voyant de quelle sorte
L'homme agit et qu'il se comporte
En mille occasions comme les animaux :
Le roi de ces gens-là n'a pas moins de défauts
Que ses sujets, et la Nature
A mis dans chaque créature
Quelque grain d'une masse où puisent les esprits :
J'entends les esprits corps, et pétris de matière.
Je vais prouver ce que je dis.

À l'heure de l'affût, soit lorsque la lumière
Précipite ses traits dans l'humide séjour,
Soit lorsque le soleil rentre dans sa carrière,
Et que, n'étant plus nuit, il n'est pas encor jour,
Au bord de quelque bois sur un arbre je grimpe,
Et, nouveau Jupiter, du haut de cet Olympe,
Je foudroie, à discrétion,
Un lapin qui n'y pensait guère.
Je vois fuir aussitôt toute la nation
Des lapins qui, sur la bruyère,
L'œil éveillé, l'oreille au guet,
S'égayaient, et de thym parfumaient leur banquet.
Le bruit du coup fait que la bande
S'en va chercher sa sûreté
Dans la souterraine cité ;
Mais le danger s'oublie, et cette peur si grande
S'évanouit bientôt. Je revois les lapins
Plus gais qu'auparavant revenir sous mes mains.

Ne reconnaît-on pas en cela les humains ?
Dispersés par quelque orage,
À peine ils touchent le port
Qu'ils vont hasarder encor

Même vent, même naufrage.
Vrais lapins, on les revoit
Sous les mains de la Fortune.
Joignons à cet exemple une chose commune.
Quand des chiens étrangers passent par quelque endroit
Qui n'est pas de leur détroit,
Je laisse à penser quelle fête.
Les chiens du lieu, n'ayant en tête
Qu'un intérêt de gueule, à cris, à coups de dents,
Vous accompagnent ces passants
Jusqu'aux confins du territoire.
Un intérêt de biens, de grandeur, et de gloire,
Aux gouverneurs d'États, à certains courtisans,
À gens de tous métiers, en fait tout autant faire.
On nous voit tous, pour l'ordinaire,
Piller le survenant, nous jeter sur sa peau.
La coquette et l'auteur sont de ce caractère :
Malheur à l'écrivain nouveau !
Le moins de gens qu'on peut à l'entour du gâteau,
C'est le droit du jeu, c'est l'affaire.
Cent exemples pourraient appuyer mon discours.
Mais les ouvrages les plus courts
Sont toujours les meilleurs. En cela j'ai pour guides
Tous les maîtres de l'art, et tiens qu'il faut laisser
Dans les plus beaux sujets quelque chose à penser :
Ainsi ce discours doit cesser.
Vous qui m'avez donné ce qu'il a de solide,
Et dont la modestie égale la grandeur,
Qui ne pûtes jamais écouter sans pudeur
La louange la plus permise,
La plus juste et la mieux acquise,
Vous enfin dont à peine ai-je encore obtenu
Que votre nom reçût ici quelques hommages,
Du temps et des censeurs défendant mes ouvrages,
Comme un nom qui, des ans et des peuples connu,
Fait honneur à la France, en grands noms plus féconde
Qu'aucun climat de l'univers,
Permettez-moi du moins d'apprendre à tout le monde
Que vous m'avez donné le sujet de ces vers.

Livre onzième

Le lion
Le paysan du Danube
Le vieillard et les trois jeunes hommes
Les souris et le chat-huant

Le lion

Sultan Léopard autrefois
Eut, ce dit-on, par mainte aubaine,
Force bœufs dans ses prés, force cerfs dans ses bois,
Force moutons parmi la plaine.
Il naquit un lion dans la forêt prochaine.
Après les compliments et d'une et d'autre part,
Comme entre grands il se pratique,
Le sultan fit venir son vizir le renard,
Vieux routier, et bon politique.
« Tu crains, ce lui dit-il, lionceau mon voisin ;
Son père est mort, que peut-il faire ?
Plains plutôt le pauvre orphelin :
Il a chez lui plus d'une affaire,
Et devra beaucoup au Destin
S'il garde ce qu'il a, sans tenter de conquête. »
Le renard dit, branlant la tête :
« Tels orphelins, Seigneur, ne me font point pitié :
Il faut de celui-ci conserver l'amitié,
Ou s'efforcer de le détruire,
Avant que la griffe et la dent
Lui soit crue, et qu'il soit en état de nous nuire.
N'y perdez pas un seul moment.
J'ai fait son horoscope : il croîtra par la guerre ;
Ce sera le meilleur lion
Pour ses amis qui soit sur terre :
Tâchez donc d'en être, sinon
Tâchez de l'affaiblir. » La harangue fut vaine.
Le sultan dormait lors ; et dedans son domaine
Chacun dormait aussi, bêtes, gens : tant qu'enfin
Le lionceau devint vrai lion. Le tocsin
Sonne aussitôt sur lui, l'alarme se promène
De toutes parts ; et le vizir,
Consulté là-dessus dit avec un soupir :
« Pourquoi l'irritez-vous ? La chose est sans remède.
En vain nous appelons mille gens à notre aide :
Plus ils sont, plus il coûte ; et je ne les tiens bons
Qu'à manger leur part des moutons.
Apaisez le lion : seul il passe en puissance
Ce monde d'alliés vivants sur notre bien.
Le lion en a trois qui ne lui coûtent rien,
Son courage, sa force, avec sa vigilance.
Jetez-lui promptement sous la griffe un mouton :
S'il n'en est pas content, jetez-en davantage.
Joignez-y quelque bœuf : choisissez pour ce don
Tout le plus gras du pâturage.
Sauvez le reste ainsi. » Ce conseil ne plut pas.
Il en prit mal ; et force États
Voisins du sultan en pâtirent :
Nul n'y gagna, tous y perdirent.
Quoi que fît ce monde ennemi,
Celui qu'ils craignaient fut le maître.
Proposez-vous d'avoir un lion pour ami,
Si vous voulez le laisser craître.

G. Doré
S. PANNEMAKER

Le paysan du Danube

Il ne faut point juger des gens sur l'apparence.
Le conseil en est bon ; mais il n'est pas nouveau.
Jadis l'erreur du souriceau
Me servit à prouver le discours que j'avance.
J'ai, pour le fonder à présent,
Le bon Socrate, Ésope, et certain paysan
Des rives du Danube, homme dont Marc Aurèle
Nous fait un portrait fort fidèle.
On connait les premiers : quant à l'autre, voici
Le personnage en raccourci.
Son menton nourrissait une barbe touffue,
Toute sa personne velue
Représentait un ours, mais un ours mal léché.
Sous un sourcil épais il avait l'œil caché,
Le regard de travers, nez tortu, grosse lèvre,
Portait sayon de poil de chèvre,
Et ceinture de joncs marins.
Cet homme ainsi bâti fut député des villes
Que lave le Danube : il n'était point d'asiles
Où l'avarice des Romains
Ne pénétrât alors, et ne portât les mains.
Le député vint donc, et fit cette harangue :
« Romains, et vous, Sénat, assis pour m'écouter,
Je supplie avant tout les dieux de m'assister :
Veuillent les immortels, conducteurs de ma langue,
Que je ne dise rien qui doive être repris.
Sans leur aide, il ne peut entrer dans les esprits
Que tout mal et toute injustice :
Faute d'y recourir, on viole leurs lois.
Témoin nous, que punit la romaine avarice :
Rome est par nos forfaits, plus que par ses exploits,
L'instrument de notre supplice.
Craignez, Romains, craignez, que le Ciel quelque jour
Ne transporte chez vous les pleurs et la misère ;
Et mettant en nos mains, par un juste retour,
Les armes dont se sert sa vengeance sévère,
Il ne vous fasse en sa colère
Nos esclaves à votre tour.
Et pourquoi sommes-nous les vôtres ? Qu'on me die
En quoi vous valez mieux que cent peuples divers.
Quel droit vous a rendus maîtres de l'univers ?
Pourquoi venir troubler une innocente vie ?
Nous cultivions en paix d'heureux champs, et nos mains
Étaient propres aux arts ainsi qu'au labourage :
Qu'avez-vous appris aux Germains ?
Ils ont l'adresse et le courage ;
S'ils avaient eu l'avidité,
Comme vous, et la violence,
Peut-être en votre place ils auraient la puissance,
Et sauraient en user sans inhumanité.
Celle que vos préteurs ont sur nous exercée
N'entre qu'à peine en la pensée.
La majesté de vos autels
Elle-même en est offensée ;
Car sachez que les immortels
Ont les regards sur nous. Grâces à vos exemples,
Ils n'ont devant les yeux que des objets d'horreur,
De mépris d'eux, et de leurs temples,
D'avarice qui va jusques à la fureur.
Rien ne suffit aux gens qui nous viennent de Rome ;
La terre et le travail de l'homme
Font pour les assouvir des efforts superflus.
Retirez-les : on ne veut plus
Cultiver pour eux les campagnes ;
Nous quittons les cités, nous fuyons aux montagnes ;
Nous laissons nos chères compagnes ;
Nous ne conversons plus qu'avec des ours affreux,
Découragés de mettre au jour des malheureux, ▷

G. Doré
J. GAUCHARD Sc.

Et de peupler pour Rome un pays qu'elle opprime.
Quant à nos enfants déjà nés,
Nous souhaitons de voir leurs jours bientôt bornés :
Vos préteurs au malheur nous font joindre le crime.
Retirez-les : ils ne nous apprendront
Que la mollesse et que le vice ;
Les Germains comme eux deviendront
Gens de rapine et d'avarice.
C'est tout ce que j'ai vu dans Rome à mon abord :
N'a-t-on point de présent à faire ?
Point de pourpre à donner ? C'est en vain qu'on espère
Quelque refuge aux lois : encor leur ministère
A-t-il mille longueurs. Ce discours un peu fort
Doit commencer à vous déplaire.
Je finis. Punissez de mort
Une plainte un peu trop sincère. »
À ces mots, il se couche ; et chacun étonné
Admire le grand cœur, le bon sens, l'éloquence,
Du sauvage ainsi prosterné.
On le créa patrice ; et ce fut la vengeance
Qu'on crut qu'un tel discours méritait. On choisit
D'autres préteurs, et par écrit
Le Sénat demanda ce qu'avait dit cet homme,
Pour servir de modèle aux parleurs à venir.
On ne sut pas longtemps à Rome
Cette éloquence entretenir.

Le vieillard et les trois jeunes hommes

Un octogénaire plantait.
« Passe encor de bâtir ; mais planter à cet âge ! »
Disaient trois jouvenceaux, enfants du voisinage ;
Assurément il radotait.
« Car, au nom des dieux, je vous prie,
Quel fruit de ce labeur pouvez-vous recueillir ?
Autant qu'un patriarche il vous faudrait vieillir.
À quoi bon charger votre vie
Des soins d'un avenir qui n'est pas fait pour vous ?
Ne songez désormais qu'à vos erreurs passées :
Quittez le long espoir et les vastes pensées ;
Tout cela ne convient qu'à nous.
– Il ne convient pas à vous-mêmes,
Repartit le vieillard. Tout établissement
Vient tard et dure peu. La main des Parques blêmes
De vos jours et des miens se joue également.
Nos termes sont pareils par leur courte durée.
Qui de nous des clartés de la voûte azurée
Doit jouir le dernier ? Est-il aucun moment
Qui vous puisse assurer d'un second seulement ?
Mes arrière-neveux me devront cet ombrage :
Eh bien ! défendez-vous au sage
De se donner des soins pour le plaisir d'autrui ?
Cela même est un fruit que je goûte aujourd'hui :
J'en puis jouir demain, et quelques jours encore ;
Je puis enfin compter l'aurore
Plus d'une fois sur vos tombeaux. »
Le vieillard eut raison ; l'un des trois jouvenceaux
Se noya dès le port allant à l'Amérique ;
L'autre, afin de monter aux grandes dignités,
Dans les emplois de Mars servant la république,
Par un coup imprévu vit ses jours emportés.
Le troisième tomba d'un arbre
Que lui-même il voulut enter ;
Et pleurés du vieillard, il grava sur leur marbre
Ce que je viens de raconter.

PANNEMAKER-DOMS

Les souris et le chat-huant

Il ne faut jamais dire aux gens :
« Écoutez un bon mot, oyez une merveille. »
Savez-vous si les écoutants
En feront une estime à la vôtre pareille ?
Voici pourtant un cas qui peut être excepté :
Je le maintiens prodige, et tel que d'une fable
Il a l'air et les traits, encor que véritable.

On abattit un pin pour son antiquité,
Vieux palais d'un hibou, triste et sombre retraite
De l'oiseau qu'Atropos prend pour son interprète.
Dans son tronc caverneux, et miné par le temps,
Logeaient, entre autres habitants,
Force souris sans pieds, toutes rondes de graisse.
L'oiseau les nourrissait parmi des tas de blé,
Et de son bec avait leur troupeau mutilé ;
Cet oiseau raisonnait, il faut qu'on le confesse.
En son temps aux souris le compagnon chassa.
Les premières qu'il prit du logis échappées,
Pour y remédier, le drôle estropia
Tout ce qu'il prit ensuite. Et leurs jambes coupées
Firent qu'il les mangeait à sa commodité,
Aujourd'hui l'une, et demain l'autre.
Tout manger à la fois, l'impossibilité
S'y trouvait, joint aussi le soin de sa santé.
Sa prévoyance allait aussi loin que la nôtre :
Elle allait jusqu'à leur porter
Vivres et grains pour subsister.
Puis, qu'un cartésien s'obstine
À traiter ce hibou de montre et de machine !
Quel ressort lui pouvait donner
Le conseil de tronquer un peuple mis en mue ?
Si ce n'est pas là raisonner,
La raison m'est chose inconnue.
Voyez que d'arguments il fit :
« Quand ce peuple est pris, il s'enfuit :
Donc il faut le croquer aussitôt qu'on le happe.
Tout : il est impossible. Et puis, pour le besoin
N'en dois-je pas garder ? Donc il faut avoir soin
De le nourrir sans qu'il échappe.
Mais comment ? Ôtons-lui les pieds. » Or, trouvez-moi
Chose par les humains à sa fin mieux conduite.
Quel autre art de penser Aristote et sa suite
Enseignent-ils, par votre foi ?

Ceci n'est point une fable ; et la chose, quoique merveilleuse et presque incroyable, est véritablement arrivée. J'ai peut-être porté trop loin la prévoyance de ce hibou ; car je ne prétends pas établir dans les bêtes un progrès de raisonnement tel que celui-ci ; mais ces exagérations sont permises à la poésie, surtout dans la manière d'écrire dont je me sers.

G. Doré

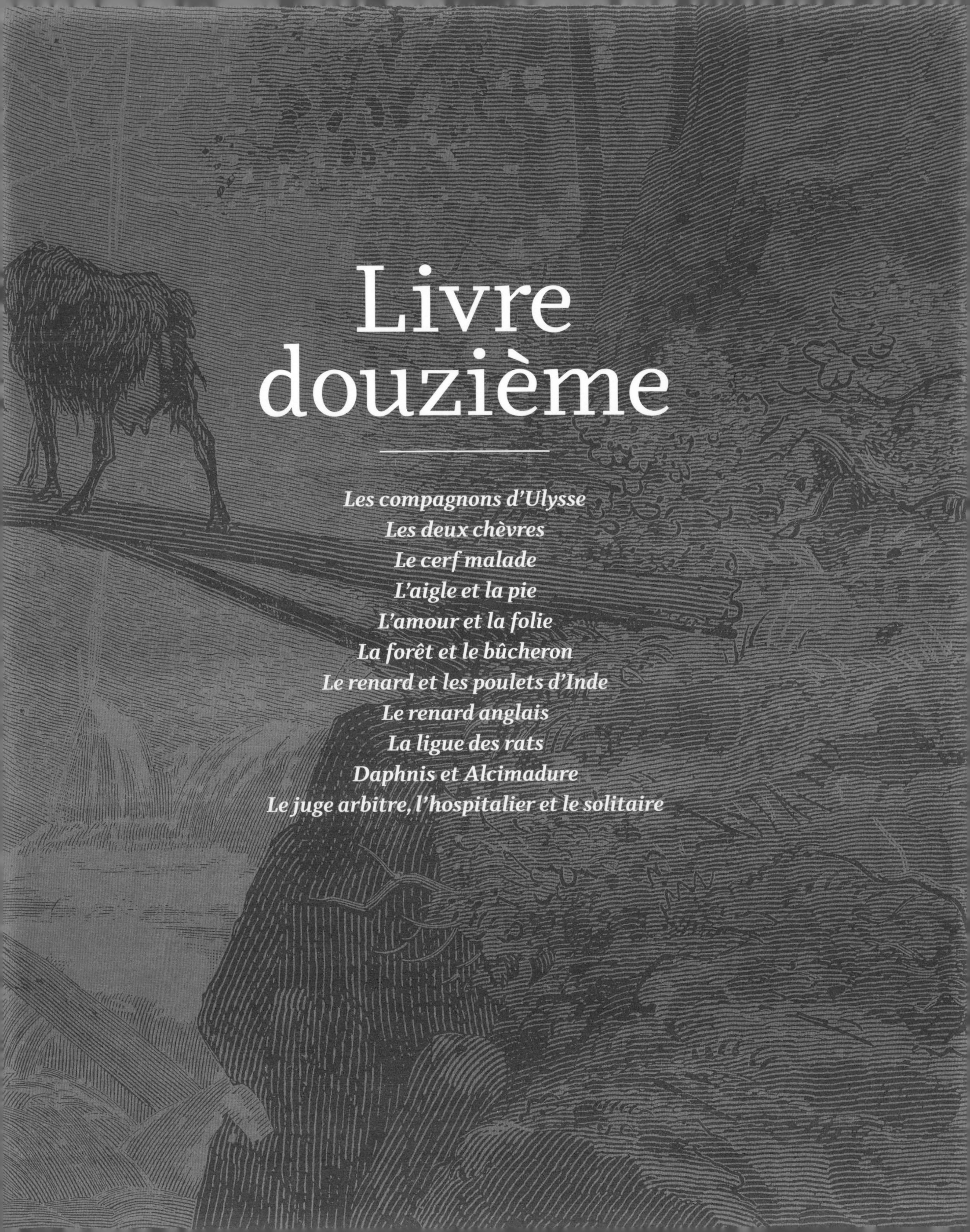

Livre douzième

Les compagnons d'Ulysse
À monseigneur le duc de Bourgogne

Prince, l'unique objet du soin des immortels,
Souffrez que mon encens parfume vos autels.
Je vous offre un peu tard ces présents de ma Muse ;
Les ans et les travaux me serviront d'excuse :
Mon esprit diminue, au lieu qu'à chaque instant
On aperçoit le vôtre aller en augmentant.
Il ne va pas, il court, il semble avoir des ailes.
Le héros dont il tient des qualités si belles
Dans le métier de Mars brûle d'en faire autant :
Il ne tient pas à lui que, forçant la victoire,
Il ne marche à pas de géant
Dans la carrière de la gloire.
Quelque dieu le retient : c'est notre souverain,
Lui qu'un mois a rendu maître et vainqueur du Rhin ;
Cette rapidité fut alors nécessaire :
Peut-être elle serait aujourd'hui téméraire.
Je m'en tais ; aussi bien les Ris et les Amours
Ne sont pas soupçonnés d'aimer les longs discours.
De ces sortes de dieux votre cour se compose.
Ils ne vous quittent point. Ce n'est pas qu'après tout
D'autres divinités n'y tiennent le haut bout :
Le Sens et la Raison y règlent toute chose.
Consultez ces derniers sur un fait où les Grecs,
Imprudents et peu circonspects,
S'abandonnèrent à des charmes
Qui métamorphosaient en bêtes les humains.

Les compagnons d'Ulysse, après dix ans d'alarmes,
Erraient au gré du vent, de leur sort incertains.
Ils abordèrent un rivage
Où la fille du dieu du jour,
Circé, tenait alors sa cour.
Elle leur fit prendre un breuvage
Délicieux, mais plein d'un funeste poison.
D'abord ils perdent la raison ;
Quelques moments après, leur corps et leur visage
Prennent l'air et les traits d'animaux différents.
Les voilà devenus ours, lions, éléphants ;
Les uns sous une masse énorme,
Les autres sous une autre forme ;
Il s'en vit de petits ; *exemplum, ut talpa.*
Le seul Ulysse en échappa.
Il sut se défier de la liqueur traîtresse.
Comme il joignait à la sagesse
La mine d'un héros et le doux entretien,
Il fit tant que l'enchanteresse
Prit un autre poison peu différent du sien.
Une déesse dit tout ce qu'elle a dans l'âme :
Celle-ci déclara sa flamme.
Ulysse était trop fin pour ne pas profiter
D'une pareille conjoncture.
Il obtint qu'on rendrait à ces Grecs leur figure.
« Mais la voudront-ils bien, dit la nymphe, accepter ?
Allez le proposer de ce pas à la troupe. »
Ulysse y court, et dit : « L'empoisonneuse coupe
A son remède encore ; et je viens vous l'offrir :
Chers amis, voulez-vous hommes redevenir ?
On vous rend déjà la parole. »
Le lion dit, pensant rugir :
« Je n'ai pas la tête si folle ;
Moi renoncer aux dons que je viens d'acquérir !
J'ai griffe et dent, et mets en pièces qui m'attaque.
Je suis roi : deviendrai-je un citadin d'Ithaque ?
Tu me rendras peut-être encor simple soldat :
Je ne veux point changer d'état. »
Ulysse du lion court à l'ours : Eh ! mon frère, ▹

G. Doré
Jonnard

Comme te voilà fait ! je t'ai vu si joli !
– Ah ! vraiment nous y voici,
Reprit l'ours à sa manière.
Comme me voilà fait ? comme doit être un ours.
Qui t'a dit qu'une forme est plus belle qu'une autre ?
Est-ce à la tienne à juger de la nôtre ?
Je me rapporte aux yeux d'une ourse mes amours.
Te déplais-je ? va-t'en, suis ta route et me laisse :
Je vis libre, content, sans nul soin qui me presse ;
Et te dis tout net et tout plat :
Je ne veux point changer d'état. »
Le prince grec au loup va proposer l'affaire ;
Il lui dit, au hasard d'un semblable refus :
« Camarade, je suis confus
Qu'une jeune et belle bergère
Conte aux échos les appétits gloutons
Qui t'ont fait manger ses moutons.
Autrefois on t'eût vu sauver la bergerie :
Tu menais une honnête vie.
Quitte ces bois, et redeviens,
Au lieu de loup, homme de bien.
– En est-il ? dit le loup. Pour moi, je n'en vois guère.
Tu t'en viens me traiter de bête carnassière :
Toi qui parles, qu'es-tu ? N'auriez-vous pas sans moi
Mangé ces animaux que plaint tout le village ?
Si j'étais homme, par ta foi,
Aimerais-je moins le carnage ?
Pour un mot quelquefois vous vous étranglez tous :
Ne vous êtes-vous pas l'un à l'autre des loups ?
Tout bien considéré, je te soutiens en somme
Que scélérat pour scélérat,
Il vaut mieux être un loup qu'un homme :
Je ne veux point changer d'état. »
Ulysse fit à tous une même semonce,
Chacun d'eux fit même réponse,
Autant le grand que le petit.
La liberté, les bois, suivre leur appétit,
C'était leurs délices suprêmes :
Tous renonçaient au los des belles actions.
Ils croyaient s'affranchir selon leurs passions,
Ils étaient esclaves d'eux-mêmes.

Prince, j'aurais voulu vous choisir un sujet
Où je pusse mêler le plaisant à l'utile :
C'était sans doute un beau projet
Si ce choix eût été facile.
Les compagnons d'Ulysse enfin se sont offerts.
Ils ont force pareils en ce bas univers :
Gens à qui j'impose pour peine
Votre censure et votre haine.

Les deux chèvres

Dès que les chèvres ont brouté,
Certain esprit de liberté
Leur fait chercher fortune ; elles vont en voyage
Vers les endroits du pâturage
Les moins fréquentés des humains.
Là s'il est quelque lieu sans route et sans chemin,
Un rocher, quelque mont pendant en précipices,
C'est où ces dames vont promener leurs caprices ;
Rien ne peut arrêter cet animal grimpant.
Deux chèvres donc s'émancipant,
Toutes deux ayant patte blanche,
Quittèrent les bas prés, chacune de sa part.
L'une vers l'autre allait pour quelque bon hasard.
Un ruisseau se rencontre, et pour pont une planche.
Deux belettes à peine auraient passé de front
Sur ce pont ;
D'ailleurs, l'onde rapide et le ruisseau profond
Devaient faire trembler de peur ces amazones.
Malgré tant de dangers, l'une de ces personnes
Pose un pied sur la planche, et l'autre en fait autant.
Je m'imagine voir avec Louis le Grand
Philippe Quatre qui s'avance
Dans l'île de la Conférence.
Ainsi s'avançaient pas à pas,
Nez à nez, nos aventurières,
Qui, toutes deux étant fort fières,
Vers le milieu du pont ne se voulurent pas
L'une à l'autre céder. Elles avaient la gloire
De compter dans leur race (à ce que dit l'histoire)
L'une certaine chèvre au mérite sans pair
Dont Polyphème fit présent à Galatée,
Et l'autre la chèvre Amalthée,
Par qui fut nourri Jupiter.
Faute de reculer, leur chute fut commune ;
Toutes deux tombèrent dans l'eau.

Cet accident n'est pas nouveau
Dans le chemin de la Fortune.

Le cerf malade

En pays pleins de cerfs un cerf tomba malade.
Incontinent maint camarade
Accourt à son grabat le voir, le secourir,
Le consoler du moins : multitude importune.
« Eh ! messieurs, laissez-moi mourir.
Permettez qu'en forme commune
La Parque m'expédie, et finissez vos pleurs. »
Point du tout : les consolateurs
De ce triste devoir tout au long s'acquittèrent ;
Quand il plut à Dieu s'en allèrent.
Ce ne fut pas sans boire un coup,
C'est-à-dire sans prendre un droit de pâturage.
Tout se mit à brouter les bois du voisinage.
La pitance du cerf en déchut de beaucoup ;
Il ne trouva plus rien à frire.
D'un mal il tomba dans un pire,
Et se vit réduire à la fin
À jeûner et mourir de faim.

Il en coûte à qui vous réclame,
Médecins du corps et de l'âme.
Ô temps, ô mœurs ! J'ai beau crier,
Tout le monde se fait payer.

G. Doré
PANNEMAKER-DOMS. sc.

L'aigle et la pie

L'aigle, reine des airs, avec Margot la pie,
Différentes d'humeur, de langage et d'esprit,
Et d'habit,
Traversaient un bout de prairie.
Le hasard les assemble en un coin détourné.
L'agasse eut peur ; mais l'aigle, ayant fort bien dîné,
La rassure, et lui dit : « Allons de compagnie ;
Si le maître des dieux assez souvent s'ennuie,
Lui qui gouverne l'univers,
J'en puis bien faire autant, moi qu'on sait qui le sers.
Entretenez-moi donc, et sans cérémonie. »
Caquet bon-bec alors de jaser au plus dru,
Sur ceci, sur cela, sur tout. L'homme d'Horace,
Disant le bien, le mal, à travers champs, n'eût su
Ce qu'en fait de babil y savait notre agasse.
Elle offre d'avertir de tout ce qui se passe,
Sautant, allant de place en place,
Bon espion, Dieu sait. Son offre ayant déplu,
L'aigle lui dit tout en colère :
« Ne quittez point votre séjour,
Caquet bon-bec, ma mie : adieu. Je n'ai que faire
D'une babillarde à ma cour ;
C'est un fort méchant caractère. »
Margot ne demandait pas mieux.
Ce n'est pas ce qu'on croit que d'entrer chez les dieux :
Cet honneur a souvent de mortelles angoisses.
Rediseurs, espions, gens à l'air gracieux,
Au cœur tout différent, s'y rendent odieux,
Quoique ainsi que la pie il faille dans ces lieux
Porter habit de deux paroisses.

G Doré

L'Amour et la Folie

Tout est mystère dans l'Amour,
Ses flèches, son carquois, son flambeau, son enfance.
Ce n'est pas l'ouvrage d'un jour
Que d'épuiser cette science.
Je ne prétends donc point tout expliquer ici.
Mon but est seulement de dire, à ma manière,
Comment l'aveugle que voici
(C'est un dieu), comment, dis-je, il perdit la lumière ;
Quelle suite eut ce mal, qui peut-être est un bien ;
J'en fais juge un amant, et ne décide rien.

La Folie et l'Amour jouaient un jour ensemble.
Celui-ci n'était pas encor privé des yeux.
Une dispute vint : l'Amour veut qu'on assemble
Là-dessus le conseil des dieux.
L'autre n'eut pas la patience ;
Elle lui donne un coup si furieux,
Qu'il en perd la clarté des cieux.
Vénus en demande vengeance.
Femme et mère, il suffit pour juger de ses cris :
Les dieux en furent étourdis,
Et Jupiter, et Némésis,
Et les juges d'Enfer, enfin toute la bande.
Elle représenta l'énormité du cas :
Son fils, sans un bâton, ne pouvait faire un pas :
Nulle peine n'était pour ce crime assez grande.
Le dommage devait être aussi réparé.
Quand on eut bien considéré
L'intérêt du public, celui de la partie,
Le résultat enfin de la suprême cour
Fut de condamner la Folie
À servir de guide à l'Amour.

G. Doré
PANNEMAKER-DOMS. Sc.

La forêt et le bûcheron

Un bûcheron venait de rompre ou d'égarer
Le bois dont il avait emmanché sa cognée.
Cette perte ne put sitôt se réparer
Que la forêt n'en fût quelque temps épargnée.
L'homme enfin la prie humblement
De lui laisser tout doucement
Emporter une unique branche,
Afin de faire un autre manche :
Il irait employer ailleurs son gagne-pain ;
Il laisserait debout maint chêne et maint sapin
Dont chacun respectait la vieillesse et les charmes.
L'innocente forêt lui fournit d'autres armes.
Elle en eut du regret. Il emmanche son fer.
Le misérable ne s'en sert
Qu'à dépouiller sa bienfaitrice
De ses principaux ornements.
Elle gémit à tous moments :
Son propre don fait son supplice.

Voilà le train du monde et de ses sectateurs :
On s'y sert du bienfait contre les bienfaiteurs.
Je suis las d'en parler ; mais que de doux ombrages
Soient exposés à ces outrages,
Qui ne se plaindrait là-dessus ?
Hélas ! j'ai beau crier et me rendre incommode :
L'ingratitude et les abus
N'en seront pas moins à la mode.

G. Doré
PANNEMAKER-DOMS. fc

Le renard et les poulets d'Inde

Contre les assauts d'un renard
Un arbre à des dindons servait de citadelle.
Le perfide, ayant fait tout le tour du rempart,
Et vu chacun en sentinelle,
S'écria : « Quoi ! Ces gens se moqueront de moi !
Eux seuls seront exempts de la commune loi !
Non, par tous les dieux ! non. » Il accomplit son dire.
La lune, alors luisant, semblait, contre le sire,
Vouloir favoriser la dindonnière gent.
Lui, qui n'était novice au métier d'assiégeant,
Eut recours à son sac de ruses scélérates,
Feignit vouloir gravir, se guinda sur ses pattes,
Puis contrefit le mort, puis le ressuscité.
Arlequin n'eût exécuté
Tant de différents personnages.
Il élevait sa queue, il la faisait briller,
Et cent mille autres badinages.
Pendant quoi nul dindon n'eût osé sommeiller :
L'ennemi les lassait en leur tenant la vue
Sur même objet toujours tendue.
Les pauvres gens étant à la longue éblouis,
Toujours il en tombait quelqu'un : autant de pris,
Autant de mis à part ; près de moitié succombe.
Le compagnon les porte en son garde-manger.

Le trop d'attention qu'on a pour le danger
Fait le plus souvent qu'on y tombe.

G. Doré
H. PISAN

Le renard anglais
À madame Harvey

Le bon cœur est chez vous compagnon du bon sens
Avec cent qualités trop longues à déduire,
Une noblesse d'âme, un talent pour conduire
Et les affaires et les gens,
Une humeur franche et libre, et le don d'être amie
Malgré Jupiter même et les temps orageux.
Tout cela méritait un éloge pompeux;
Il en eût été moins selon votre génie :
La pompe vous déplaît, l'éloge vous ennuie.
J'ai donc fait celui-ci court et simple. Je veux
Y coudre encore un mot ou deux
En faveur de votre patrie :
Vous l'aimez. Les Anglais pensent profondément;
Leur esprit, en cela, suit leur tempérament.
Creusant dans les sujets, et forts d'expériences,
Ils étendent partout l'empire des sciences.
Je ne dis point ceci pour vous faire ma cour.
Vos gens à pénétrer l'emportent sur les autres;
Même les chiens de leur séjour
Ont meilleur nez que n'ont les nôtres.
Vos renards sont plus fins. Je m'en vais le prouver
Par un d'eux, qui, pour se sauver
Mit en usage un stratagème
Non encor pratiqué, des mieux imaginés.
Le scélérat, réduit en un péril extrême,
Et presque mis à bout par ces chiens au bon nez,
Passa près d'un patibulaire.
Là, des animaux ravissants,
Blaireaux, renards, hiboux, race encline à mal faire,
Pour l'exemple pendus, instruisaient les passants.
Leur confrère aux abois entre ces morts s'arrange.
Je crois voir Annibal qui, pressé des Romains,
Met leurs chefs en défaut, ou leur donne le change, ▷

Gᵛ Doré
F. HUYOT.

Et sait en vieux renard s'échapper de leurs mains.
Les clefs de meute, parvenues
À l'endroit où pour mort le traître se pendit,
Remplirent l'air de cris : leur maître les rompit,
Bien que de leurs abois ils perçassent les nues.
Il ne put soupçonner ce tour assez plaisant.
« Quelque terrier, dit-il, a sauvé mon galant ;
Mes chiens n'appellent point au-delà des colonnes
Où sont tant d'honnêtes personnes.
Il y viendra, le drôle ! » Il y vint, à son dam.
Voilà maint basset clabaudant ;
Voilà notre renard au charnier se guindant.
Maître pendu croyait qu'il en irait de même
Que le jour qu'il tendit de semblables panneaux ;
Mais le pauvret, ce coup, y laissa ses houseaux.
Tant il est vrai qu'il faut changer de stratagème.
Le chasseur, pour trouver sa propre sûreté,
N'aurait pas cependant un tel tour inventé ;
Non point par peu d'esprit ; est-il quelqu'un qui nie
Que tout Anglais n'en ait bonne provision ?
Mais le peu d'amour pour la vie
Leur nuit en mainte occasion.
Je reviens à vous, non pour dire
D'autres traits sur votre sujet ;
Tout long éloge est un projet
Trop abondant pour ma lyre :
Peu de nos chants, peu de nos vers,
Par un encens flatteur amusent l'univers
Et se font écouter des nations étranges.
Votre prince vous dit un jour
Qu'il aimait mieux un trait d'amour
Que quatre pages de louanges.
Agréez seulement le don que je vous fais
Des derniers efforts de ma muse.
C'est peu de chose ; elle est confuse
De ces ouvrages imparfaits.
Cependant ne pourriez-vous faire
Que le même hommage pût plaire
À celle qui remplit vos climats d'habitants
Tirés de l'île de Cythère ?
Vous voyez par là que j'entends
Mazarin, des amours déesse tutélaire.

La ligue des rats

Une souris craignait un chat
Qui dès longtemps la guettait au passage.
Que faire en cet état ? Elle, prudente et sage,
Consulte son voisin : c'était un maître Rat,
Dont la rateuse seigneurie
S'était logée en bonne hôtellerie,
Et qui cent fois s'était vanté, dit-on,
De ne craindre ni chat, ni chatte,
Ni coup de dent, ni coup de patte.
« Dame Souris, lui dit ce fanfaron,
Ma foi ! quoi que je fasse,
Seul, je ne puis chasser le chat qui vous menace :
Mais assemblons tous les rats d'alentour,
Je lui pourrai jouer d'un mauvais tour. »
La souris fait une humble révérence ;
Et le rat court en diligence
À l'office, qu'on nomme autrement la dépense,
Où maints rats assemblés
Faisaient, aux frais de l'hôte, une entière bombance.
Il arrive, les sens troublés,
Et tous les poumons essoufflés.
« Qu'avez-vous donc ? lui dit un de ces rats ; parlez.
– En deux mots, répond-il, ce qui fait mon voyage,
C'est qu'il faut promptement secourir la souris ;
Car Raminagrobis
Fait en tous lieux un étrange carnage.
Ce chat, le plus diable des chats,
S'il manque de souris, voudra manger des rats. »
Chacun dit : « Il est vrai. Sus ! sus ! courons aux armes ! »
Quelques rates, dit-on, répandirent des larmes.
N'importe, rien n'arrête un si noble projet :
Chacun se met en équipage ;
Chacun met dans son sac un morceau de fromage ;
Chacun promet enfin de risquer le paquet.
Ils allaient tous comme à la fête,
L'esprit content, le cœur joyeux.
Cependant le chat, plus fin qu'eux,
Tenait déjà la souris par la tête.
Ils s'avancèrent à grands pas
Pour secourir leur bonne amie :
Mais le chat, qui n'en démord pas,
Gronde, et marche au-devant de la troupe ennemie.
À ce bruit, nos très prudents rats,
Craignant mauvaise destinée,
Font, sans pousser plus loin leur prétendu fracas,
Une retraite fortunée.
Chaque rat rentre dans son trou ;
Et si quelqu'un en sort, gare encor le matou !

Daphnis et Alcimadure
Imitation de Théocrite
À madame de la Mésangère

Aimable fille d'une mère
À qui seule aujourd'hui mille cœurs font la cour,
Sans ceux que l'amitié rend soigneux de vous plaire,
Et quelques-uns encor que vous garde l'amour,
Je ne puis qu'en cette préface
Je ne partage entre elle et vous
Un peu de cet encens qu'on recueille au Parnasse,
Et que j'ai le secret de rendre exquis et doux.
Je vous dirai donc… Mais tout dire,
Ce serait trop ; il faut choisir,
Ménageant ma voix et ma lyre,
Qui bientôt vont manquer de force et de loisir.
Je louerai seulement un cœur plein de tendresse,
Ces nobles sentiments, ces grâces, cet esprit :
Vous n'auriez en cela ni maître ni maîtresse,
Sans celle dont sur vous l'éloge rejaillit.
Gardez d'environner ces roses
De trop d'épines, si jamais
L'amour vous dit les mêmes choses :
Il les dit mieux que je ne fais ;
Aussi sait-il punir ceux qui ferment l'oreille
À ses conseils. Vous l'allez voir.
Jadis une jeune merveille
Méprisait de ce Dieu le souverain pouvoir :
On l'appelait Alcimadure :
Fier et farouche objet, toujours courant aux bois,
Toujours sautant aux prés, dansant sur la verdure,
Et ne connaissant autres lois
Que son caprice ; au reste, égalant les plus belles,
Et surpassant les plus cruelles ;
N'ayant trait qui ne plût, pas même en ses rigueurs :
Quelle l'eût-on trouvée au fort de ses faveurs !
Le jeune et beau Daphnis, berger de noble race,
L'aima pour son malheur : jamais la moindre grâce
Ni le moindre regard, le moindre mot enfin,
Ne lui fut accordé par ce cœur inhumain.
Las de continuer une poursuite vaine,
Il ne songea plus qu'à mourir ;
Le désespoir le fit courir
À la porte de l'inhumaine.
Hélas ! ce fut au vent qu'il raconta sa peine ;
On ne daigna lui faire ouvrir
Cette maison fatale, où parmi ses compagnes,
L'ingrate, pour le jour de sa nativité,
Joignait aux fleurs de sa beauté
Les trésors des jardins et des vertes campagnes.
« J'espérais, cria-t-il, expirer à vos yeux ;
Mais je vous suis trop odieux,
Et ne m'étonne pas qu'ainsi que tout le reste
Vous me refusiez même un plaisir si funeste.
Mon père, après ma mort, et je l'en ai chargé,
Doit mettre à vos pieds l'héritage
Que votre cœur a négligé.
Je veux que l'on y joigne aussi le pâturage,
Tous mes troupeaux, avec mon chien,
Et que du reste de mon bien
Mes compagnons fondent un temple
Où votre image se contemple,
Renouvelant de fleurs l'autel à tout moment.
J'aurai près de ce temple un simple monument ;
On gravera sur la bordure :
Daphnis mourut d'amour. Passant, arrête-toi ; ▹

PANNEMAKER-DOMS. sc

Pleure, et dis : « Celui-ci succomba sous sa loi
De la cruelle Alcimadure. »
À ces mots, par la Parque il se sentit atteint.
Il aurait poursuivi ; la douleur le prévint.
Son ingrate sortit triomphante et parée.
On voulut, mais en vain, l'arrêter un moment
Pour donner quelques pleurs au sort de son amant :
Elle insulta toujours au fils de Cythérée,
Menant dès ce soir même, au mépris de ses lois,
Ses compagnes danser autour de sa statue.
Le dieu tomba sur elle et l'accabla du poids ;
Une voix sortit de la nue,
Écho redit ces mots dans les airs épandus :
Que tout aime à présent : l'insensible n'est plus.
Cependant de Daphnis l'ombre au Styx descendue
Frémit et s'étonna la voyant accourir.
Tout l'Érèbe entendit cette belle homicide
S'excuser au berger, qui ne daigna l'ouïr
Non plus qu'Ajax Ulysse, et Didon son perfide.

Le juge arbitre, l'hospitalier et le solitaire

Trois saints, également jaloux de leur salut,
Portés d'un même esprit, tendaient à même but.
Ils s'y prirent tous trois par des routes diverses :
Tous chemins vont à Rome ; ainsi nos concurrents
Crurent pouvoir choisir des sentiers différents.
L'un, touché des soucis, des longueurs, des traverses,
Qu'en apanage on voit aux procès attachés,
S'offrit de les juger sans récompense aucune,
Peu soigneux d'établir ici-bas sa fortune.
Depuis qu'il est des lois, l'homme, pour ses péchés,
Se condamne à plaider la moitié de sa vie.
La moitié ? les trois quarts, et bien souvent le tout.
Le conciliateur crut qu'il viendrait à bout
De guérir cette folle et détestable envie.
Le second de nos saints choisit les hôpitaux.
Je le loue ; et le soin de soulager ces maux
Est une charité que je préfère aux autres.
Les malades d'alors, étant tels que les nôtres,
Donnaient de l'exercice au pauvre hospitalier ;
Chagrins, impatients, et se plaignant sans cesse :
« Il a pour tels et tels un soin particulier ;
Ce sont ses amis ; il nous laisse. »
Ces plaintes n'étaient rien au prix de l'embarras
Où se trouva réduit l'appointeur de débats :
Aucun n'était content ; la sentence arbitrale
À nul des deux ne convenait :
Jamais le juge ne tenait
À leur gré la balance égale.
De semblables discours rebutaient l'appointeur.
Il court aux hôpitaux, va voir leur directeur.
Tous deux ne recueillant que plainte et que murmure,
Affligés, et contraints de quitter ces emplois,
Vont confier leur peine au silence des bois.
Là, sous d'âpres rochers, près d'une source pure,

Lieu respecté des vents, ignoré du soleil,
Ils trouvent l'autre saint, lui demandent conseil.
« Il faut, dit leur ami, le prendre de soi-même.
Qui mieux que vous sait vos besoins ?
Apprendre à se connaître est le premier des soins
Qu'impose à tous mortels la majesté suprême.
Vous êtes-vous connus dans le monde habité ?
L'on ne le peut qu'aux lieux pleins de tranquillité :
Chercher ailleurs ce bien est une erreur extrême.
Troublez l'eau : vous y voyez-vous ?
Agitez celle-ci. – Comment nous verrions-nous ?
La vase est un épais nuage
Qu'aux effets du cristal nous venons d'opposer.
– Mes frères, dit le saint, laissez-la reposer,
Vous verrez alors votre image.
Pour vous mieux contempler, demeurez au désert. »
Ainsi parla le solitaire.
Il fut cru ; l'on suivit ce conseil salutaire.
Ce n'est pas qu'un emploi ne doive être souffert.
Puisqu'on plaide, et qu'on meurt, et qu'on devient malade,
Il faut des médecins, il faut des avocats ;
Ces secours, grâce à Dieu, ne nous manqueront pas :
Les honneurs et le gain, tout me le persuade.
Cependant on s'oublie en ces communs besoins.
Ô vous dont le public emporte tous les soins,
Magistrats, princes et ministres,
Vous que doivent troubler mille accidents sinistres,
Que le malheur abat, que le bonheur corrompt,
Vous ne vous voyez point, vous ne voyez personne.
Si quelque bon moment à ces pensers vous donne,
Quelque flatteur vous interrompt.

Cette leçon sera la fin de ces ouvrages :
Puisse-t-elle être utile aux siècles à venir !
Je la présente aux rois, je la propose aux sages :
Par où saurais-je mieux finir ?

Toutes les illustrations de ce volume
sont issues des collections
de la Bibliothèque nationale de France
et les clichés en ont été réalisés par
le département de la Reproduction.
Elles sont disponibles à la consultation
sur Gallica : http://gallica.bnf.fr
et à la vente, auprès du département
de la Reproduction : reproduction@bnf.fr.

Typographie : Odile
Photogravure : APS Chromostyle, Tours
Achevé d'imprimer en septembre 2013
sur les presses de Grafiche Flaminia à Foligno
sur papier GardaPat 13 Kiara 135 g
issu de forêts gérées durablement.

Dépôt légal : octobre 2013
Imprimé en Italie